Inhalt

Vorwort

Die Geschichten in diesem Band handeln von Jesus.

Die Adressaten dieser Geschichten sind *Kinder im Grundschulalter*. Sie befassen sich daher auch nur indirekt mit dem Inhalt dessen, was Jesus *lehrt*.

Denn bevor Schüler/innen sich mit der Lehre auseinander setzen können, muss ihnen die Person bekannt sein (und wenn es möglich ist, sollten sie diese Person auch anziehend finden).

Darum beschränken sich die Geschichten auf die Ereignisse vor und nach der Geburt Jesu: Wir erleben den Zwölfjährigen im Tempel und stellen sowohl Ähnlichkeiten mit anderen Gleichaltrigen als auch schon Unterschiede fest.

Dann erleben wir mit, wie der erwachsene Jesus sich Freunde sucht, dass er gut zu den Menschen ist (Wunder tut) und seine Liebe und Zuneigung den unterschiedlichsten Typen, eben *allen* gilt. Zum Schluss finden Sie kindgemäße Berichte über Leiden, Tod und Auferstehung.

Mit der Aussendung des Heiligen Geistes am Pfingstfest enden die Geschichten.

Der Schwerpunkt liegt auf der *Unterstufe* der Grund- und Sonderschule.

In der Mittelstufe hat der Religionslehrer durch Vorbereitung auf Erstkommunion und Beichte zusätzliche Schwerpunkte. Aber auch hier kann er mit diesen Geschichten arbeiten. Wenn es ausschließlich um die Mittelstufe geht, sind die Geschichten gekennzeichnet.

Zwei „Sprechmotetten" und eine „Fantasiereise" ergänzen die Unterrichtsvorschläge.

Die Sprechmotetten können auch gut in einen Schulgottesdienst eingebaut werden.

Mögen diese Geschichten sowohl für die Kinder als auch für Sie selber Geschichten der Hoffnung sein, einer Hoffnung, die auch angesichts von Leid und Not weiß, dass „nach dem Tod die Auferstehung" kommt und einmal „alles gut" wird.

Christel Evenari

1. Johannes der Täufer wird geboren

2000 Jahre ist es her, da lebte in Israel, in Ein Karem, ein freundliches, frommes Ehepaar.
Ein Karem, das ist ein kleines Tal in den Bergen in der Nähe von Jerusalem. Da ist es wunderschön. An den Berghängen wachsen Olivenbäume und alles ist voller Gärten und Blumen.
Der Mann und die Frau hatten hier ein kleines Haus.
Der Mann war Hoherpriester im Tempel und arbeitete in Jerusalem.
Das war genau zehn Kilometer entfernt von Ein Karem.
Er hieß Zacharias.
Die Frau hieß Elisabet. Sie war gut und fromm.
Sie waren nicht nur ein gutes Ehepaar, sie waren auch glücklich und zufrieden.
Etwas aber fehlte noch zu ihrem Glück. Sie hatten einen großen Wunsch. Schon viele Jahre lang.
Sie wünschten sich ein Baby.
Wie kann es schon in einem Haus sein, wenn nicht mal ein einziges Kind da ist!?
Da ist es traurig! …

Inzwischen waren die beiden schon ein älteres Ehepaar geworden.
Zacharias tat seine Arbeit im Tempel, hielt die Gottesdienste, kam nach Hause, freute sich, dass er mit seiner Frau Elisabet im Garten sitzen konnte, aber wie gesagt, wenn sie doch nur wenigstens ein einziges Kind gehabt hätten! …
Sie wünschten es sich, sie hatten schon so oft darum gebetet, aber es hatte nichts geholfen.

Dann passierte das im Tempel.
Zacharias stand am Hochaltar, der hinter einem Samtvorhang verborgen war und betete.
Da stand ein Engel da.
Ach du Schreck!
Zacharias bekam einen Schrecken.
Da kann man noch so fromm sein und jeden Tag im Tempel beten, wenn man einen Engel sieht, bekommt man erst mal einen Schrecken.

Das war auch bei Zacharias so.
Aber der Engel sagte:
„Fürchte dich nicht, Zacharias, Gott hat eure Gebete erhört. Du und Elisabet, ihr werdet einen Sohn bekommen.
Du sollst ihm den Namen Johannes geben: *Gott-ist-gnädig.*
Ihr werdet euch freuen und noch viele andere Menschen werden sich über ihn freuen. Er wird ein Prophet sein.
Er wird in Gottes Auftrag zu den Menschen sprechen.
Er wird sie zur Umkehr bewegen und er wird dem Sohn Gottes den Weg bereiten …"

„Ich glaube ihm doch kein Wort", dachte Zacharias, der Priester. „Ich glaube das einfach nicht. Ich glaube auch nicht, dass ich hier einen Engel sehe …"
Und laut sagte er: „Wie soll das denn gehen? Ich bin nicht mehr der Jüngste und meine Frau Elisabet ist auch schon alt."
Da sagte der Engel: „Gott hat mich zu dir geschickt. Ich bin Gabriel und komme im Auftrag Gottes."
Zacharias war immer noch skeptisch.
Da sagte der Engel: „Du wirst stumm sein und nicht mehr reden können bis zu dem Augenblick, wo das eintritt, was Gott dir sagen ließ."
Dann war der Engel fort.
Kein Wunder, dass einem, wenn man einen Engel sieht, die „Sprache wegbleibt".
Zacharias stand da allein am Altar, ganz durcheinander.
Aber dann dachte er: „Ich muss mit dem Gottesdienst weitermachen." Und so ging er hinaus zu der versammelten Gemeinde, noch etwas blass, aber er wollte zu ihnen sprechen.
Er machte den Mund auf … kein Laut war zu hören.
Er versuchte noch einmal zu sprechen … es ging nicht!
Er war wirklich stumm geworden.

Was macht man mit einem Priester, der nicht mehr reden kann?

Man kann ihn bei dieser Aufgabe nicht mehr gebrauchen. Zacharias ging nach Hause. Fertig mit den Nerven.

Jetzt glaubte er natürlich alles, was er vorher nicht glauben konnte. Jetzt wunderte er sich über gar nichts mehr.

Er wunderte sich auch nicht, als Elisabet ihm eines Morgens sagte: „Wir bekommen ein Baby … Ich erwarte ein Baby!!!"

Da hatte der Engel doch Recht gehabt!

Zacharias nahm Elisabet vor Freude in den Arm.

Aber sprechen konnte er immer noch nicht. Wenn er etwas sagen wollte, musste er es auf ein Täfelchen schreiben.

Die neun Monate vergingen, die ganze Verwandtschaft erfuhr:

„Elisabet und Zacharias werden ein Baby bekommen", und alle kamen zu Besuch.

Dann kam der kleine Junge zur Welt. Kräftig und gesund.

„Er muss auf jeden Fall Zacharias heißen wie sein Papa!", sagte Elisabet und das sagten auch die Verwandten.

Zacharias aber schüttelte den Kopf. Er war nicht einverstanden.

Darum kümmerte Elisabet sich nicht, denn sie liebte ihren Mann und sie wollte, dass ihr kleiner Junge genau so hieß wie sein Papa.

Zacharias regte sich auf. Mit großen Buchstaben schrieb er auf das Täfelchen: „Er muss *Johannes* heißen!"

(Denn das hatte ihm damals der Engel im Tempel befohlen.)

„Wieso ausgerechnet Johannes?" regten sich die anderen auf.

„Weil der Engel es so gesagt hat!"

„Was ist los? Der Engel hat es gesagt? Wer behauptet denn sowas? … He, der Zacharias hat das gesagt, laut und deutlich … der Zacharias hat gesprochen! Zacharias kann ja wieder reden! …"

„Gott sei Dank!", „Halleluja!", riefen sie, und jetzt erst hörten sie die ganze Geschichte.

Zacharias erzählte sie ihnen.

„Ein Prophet, ein Bote Gottes, soll der Junge mal werden?

Unglaublich!"

Aber jetzt lag der „kleine künftige Prophet" erst einmal in der Wiege und lachte.

Seine Eltern lachten auch. Vor Freude und Dankbarkeit.

Zacharias hat übrigens wieder arbeiten können.

Er hatte ja die Sprache wiedergefunden.

Didaktische Hinweise

Die erste Geschichte aus dem Neuen Testament beginnt hier mit der Geburt Johannes des Täufers. Wenn man nicht ganz unmotiviert mit der „Tür ins Haus fallen" möchte, kann vorher die Geschichte *„Markus schreibt auf, wie das alles mit Jesus gewesen ist"* als Einleitung vorgelesen werden.

Selbstverständlich – und das gilt auch für alle folgenden Geschichten – können Religionslehrerin oder -lehrer die Geschichten lesen, sich dadurch anregen lassen und sie dann *erzählen*.

Bei dieser Gelegenheit können Medien (Dias, Filme, Mitbringsel von Urlaubsreisen nach Israel) eingesetzt werden. Einmal um die Kinder einzustimmen, zum anderen um ihnen begreiflich zu machen: „Das Land, von dem ihr heute und in den folgenden Stunden hört, gibt es wirklich. Das alles ist kein Märchen. Jesus hat wirklich gelebt …"

Weitere Vorschläge: Landkarte von Palästina zur Zeit Jesu in der Klasse aufhängen, Lieder singen, die den Kindern bekannt sind von Kindergottesdienst, Kindergarten oder Schule.

Bei der Geschichte „Johannes der Täufer wird geboren" liegt der Schwerpunkt des Unterrichtsgesprächs auf der Tatsache, dass eine Familie nur dann eine richtige Familie ist, wenn sie wenigstens ein Kind hat!

(Dabei fühlen sich die Kinder meist gut. Sie können von zu Hause erzählen, von Geschwistern, wie es bei ihrer Geburt war usw.)

Dann die Geschichte und nach der „Vertiefung" das Bild je nach Altersstufe malen oder ausmalen lassen. Falls die Kinder noch nicht schreiben können, ein „lachendes Elternpaar mit Kind" „ohne Sprechblasen" malen lassen.

Wenn aus der „Einleitung" eine eigene Stunde wird, kann man das *Deckblatt* in der Mappe/bzw. der Seite im Heft gestalten.

Vorschlag: Kreuz malen und den Rand des Blattes verzieren mit farbigen Linien, Blumen, Herzen usw.

Elisabet   Johannes   Zacharias

2 Markus schreibt auf, wie das alles mit Jesus gewesen ist

Vor 2000 Jahren ist in Israel, in Jerusalem, ein Junge aufgewachsen. In einem großen, schönen Haus.
Sein Name war Johannes *Markus*.

Leute mit einem großen Haus haben meistens auch viel Besuch.
Bei der Mutter von Markus war es jedenfalls so.
Immer sind Gäste dagewesen und manche Gäste haben interessante Sachen erzählt.
Das hat Markus sehr gerne gehabt, wenn interessante Sachen erzählt wurden. Auch wenn sie noch nicht für ihn bestimmt waren. Er hat genau aufgepasst und zugehört und alles mitbekommen, was die Erwachsenen erzählt haben. Er hat sich ausgekannt.
Das ist so bei Kindern.

Markus hat zur gleichen Zeit gelebt, als Jesus lebte.
Aber nicht ganz zur gleichen Zeit.
Markus ist jünger gewesen.
Er ist noch ein Kind gewesen, als Jesus schon durch das Land zog, sich Freunde gesucht, die Kranken gesund und die Traurigen froh gemacht hat.
Markus hat das gar nicht selber gesehen und gehört, aber seine Mutter ist mit jemand befreundet gewesen, der zuerst Simon hieß und ein Fischer war und der sich dann später Petrus genannt hat. Sein Freund Jesus hatte ihm diesen Namen gegeben. Und dieser Petrus ist oft zu Besuch gekommen.
Markus hat es gemocht, wenn er zu Besuch kam, weil er immer so viel erzählt hat. Stundenlang. Immer von Jesus.
Jesus hat tolle Sachen gemacht. Markus hat ihn richtig bewundert. Markus hat ja auch ein Supergedächtnis gehabt.
Er hat nicht nur immer zugehört, er hat sich auch an alles erinnert. Manches, was Jesus gesagt hatte, das hat Markus, der Junge, schon auswendig gewusst.

In der Schule ist er gut gewesen.
Besonders beim Schreiben.

Eines Tages ist der Petrus gekommen und hat verweinte Augen gehabt und ist ganz fertig gewesen.
„Sie haben ihn getötet! Sie haben Jesus ans Kreuz genagelt und dann ist er gestorben!"
Dabei ist er so traurig gewesen und die Mutter hat geweint, dass auch Markus weinen musste.
Aber drei Tage später ist eine neue Nachricht gekommen.
Eine frohe Nachricht!
Petrus ist wieder dagewesen.
Diesmal hat er gelacht und gesagt: „Er ist nicht mehr tot, er lebt!"
„Wer?"
„Jesus!"
„Ist das wirklich wahr?"
„Ja, ich belüg euch doch nicht!"
Da haben sich alle gefreut und Markus hat mit Petrus und mit der Mutter am Tisch gesessen und es hat Kaffee und Kuchen gegeben.

Die Zeit ist vergangen,
Petrus ist immer noch zu Besuch gekommen.
Petrus und Markus haben sich sehr gut leiden können.
Eines Tages hat Petrus gesagt: „Früher war ich Fischer.
Heute bin ich auch noch Fischer. Aber ich fange keine Fische mehr, ich fische jetzt Menschen!"
„Da brauchst du aber ein großes Netz!"
„Ich brauch kein Netz. Ich predige. Ich fange die Menschen ein für Gott, für den Himmel!"
„Wie bist du denn auf diese Idee gekommen?"
„Jesus hat mir den Auftrag gegeben, mir und den anderen Aposteln."
„Was sagst du denn zu den Menschen?"
„Ich erzähle ihnen alles von Jesus."

„Das möchte ich auch", hat Markus gesagt, „ich möchte auch ein Menschenfischer sein und den Leuten von Jesus erzählen."

„Das kannst du doch gar nicht. Du bist ja gar nicht dabeigewesen."

„Stimmt, aber du hast ja immer alles erzählt! Ich erinnere mich an jedes Wort!"

„Das gibt's doch nicht!", hat Petrus gesagt, aber Markus hat angefangen Sachen zu erzählen, die Petrus vor langer Zeit erzählt hatte.

Markus hatte eben das Supergedächtnis und Petrus hat nicht mehr an dem gezweifelt, was Markus gesagt hat.

Markus hat sich übrigens auch taufen lassen. Er glaubte schon längst an Jesus.

Und als die anderen Freunde von Jesus schon als Missionare durch die Mittelmeerländer gezogen sind, da hat Markus seinen Plan in die Tat umgesetzt und ist mit Paulus zusammen auf eine Reise gegangen. Sie haben sich eine Schiffsfahrkarte gekauft und sind in Akko an Bord gegangen.

Das Schiff hat so auf den Wellen geschaukelt, dass Markus sich hundeelend gefühlt hat und es ihm schlecht geworden ist.

Er ist sehr froh gewesen, als sie in der Türkei an Land gehen konnten. (Die Türkei hieß früher Kleinasien.)

Zu Fuß sind sie weiter gegangen.

Das war anstrengend. Die Füße von Markus sind das viele Laufen nicht gewöhnt gewesen und er hat Blasen gekriegt.

Schließlich sind sie an einem hohen Gebirge angekommen.

„O, die Berge sind ganz schön steil!"

„Da hast du Recht!"

Markus hat sich die Felsen und Täler genau angeschaut.

„Da hausen vielleicht wilde Tiere und Räuber!"

„Das kann schon sein."

„Ich geh nicht mehr mit. Ich geh nach Hause zurück. Ich hab keine Lust mehr! Das ist mir zu gefährlich und zu anstrengend."

„Spinnst du?"

„Nein, das ist mein voller Ernst!"

Paulus hat sich geärgert, aber Markus ist trotzdem umgekehrt.

Bald saß er wieder zu Hause in Jerusalem, hat in seinem eigenen Bett geschlafen, ist in seinem gemütlichen Sessel gesessen und ist froh gewesen, dass die Strapaze vorüber war. Im Kleiderschrank und in der Speisekammer hat es keine wilden Tiere und keine Räuber gegeben.

Langsam aber hat er in seinem Herzen so eine leise Stimme gehört: „Du bist ein Feigling!"

„Du solltest dich schämen! Man gibt doch nicht so schnell auf! Und außerdem hast du doch den Menschen etwas von Jesus erzählen wollen!"

Markus hat ein schlechtes Gewissen bekommen und das hat ihn richtig geplagt.

Es ging nicht mehr weg
und so hat er eines Tages seinen ganzen Mut zusammengenommen, ist wieder nach Akko gefahren und hat sich eine neue Schiffsfahrkarte gekauft. Er ist aber nicht allein gewesen, er hatte seinen Cousin, den Barnabas, überredet mitzukommen. Und der ist mitgekommen.

Die beiden sind auch nicht so weit gefahren diesmal. Nur bis Zypern. Da braucht ein Schiff einen Tag (ein Flugzeug braucht nur 20 Minuten).

Auf der Insel Zypern hat Markus zum ersten Mal gepredigt.

Alles, was er über Jesus wusste.

Und er hat so großen Erfolg gehabt, dass immer mehr Leute ihm zuhören wollten. Sie haben Beifall geklatscht und Markus hat sich toll gefühlt, und die Leute haben sich taufen lassen.

Da gehörten sie zu Jesus.

Nach diesem schönen Erlebnis hat Markus seine Angst verloren.

„Jetzt reise ich hinter Petrus her. Bis nach Rom. Na, der wird Augen machen!", hat Markus sich gedacht, und so ist es dann auch gewesen.

Petrus war sehr froh, dass jetzt sein junger Freund bei ihm gewesen ist und die beiden haben um die Wette gepredigt.

Aber manchmal sind sie müde gewesen oder es war ihnen zu heiß und dann sind ihnen manche Sachen nicht mehr eingefallen.

(Wenn man müde ist, arbeitet das Gehirn nicht so gut, das weiß schon jedes Kind.)

Da hat Markus einen Plan gefasst.

„Ich setz mich hin und schreib mir alles auf. Schön nacheinander, wie alles passiert ist.

Wenn ich mich an etwas nicht mehr genau erinnere, kann ich Petrus fragen."

Und er hat Papier genommen und die Geschichte von Jesus aufgeschrieben. Wir können sie in der Bibel finden. Und da alles nachlesen. Das ist eine große Erleichterung für die beiden gewesen.

Sie haben nichts mehr vergessen und wenn sie müde gewesen sind, haben sie nachlesen können. Da wussten sie's wieder.

Als Markus alt gewesen ist, da hat er gedacht: „Nach Ägypten müsste auch mal jemand fahren. Denen müsste auch jemand von Jesus erzählen."

Es ist aber niemand dagewesen, der dorthin fahren wollte.

„Dann fahr ich selber."

In Ägypten hat es Leute gegeben, die wollten nicht an Gott und an Jesus glauben. Sie haben Markus nicht leiden können.

Eines Tages haben sie ihn umgebracht.

Wie ein Lauffeuer hat sich das herumgesprochen.

Alle Christen, alle Freunde von Jesus, sind traurig gewesen.

Besonders die Italiener.

Er hatte so viel in Italien gepredigt und sie hatten ihn so gern gehabt, jetzt wünschten sie sich, sein Grab wäre bei ihnen in Italien.

Das hat nicht sofort geklappt.

Ein paar hundert Jahre später haben sie seine Knochen (was noch von ihnen übrig war) heimlich auf einem Schiff nach Venedig gebracht. Da haben sie sie in einen silbernen Sarg gelegt und dem Markusdom seinen Namen gegeben und noch heute ist der Markusplatz in Venedig einer der schönsten Plätze auf der Welt.

Wer ihn sehen möchte, der kann im Sommer mit den Eltern dahin fahren. Das Auto lässt man am großen Parkplatz stehen und dann löst man für das kleine Schiff eine Fahrkarte: „Einmal Markusplatz und zurück!"

Am 25. April ist der Festtag des heiligen Markus.

Und wer das alles, was mit Jesus passiert ist, ausführlich hören möchte, der braucht jetzt und in der nächsten Zeit nur gut aufzupassen, wenn die Lehrerin/der Lehrer Geschichten von Jesus erzählt. Oder vorliest.

Dann wisst ihr alles von Anfang an.

Wie Markus.

3 Der Engel kommt zu Maria, Maria besucht Elisabet und zu Josef kommt auch ein Engel

Maria ist ein Kind gewesen wie ihr.

Ein kleines Mädchen.

Ein hübsches, liebes, kleines Mädchen.

Wie ihr hatte sie Freundinnen und hat mit ihnen gespielt.

Eine Cousine hatte sie auch. Die mochte sie gerne.

Sie hieß Elisabet und sie war auch schon etwas älter als Maria. Aber Maria hat sich mit ihrer Cousine sehr gut verstanden und hat sich immer gefreut, wenn sie zu Besuch kam.

Dann wurde sie größer, sie war schon ein wunderschönes junges Mädchen und sie hat sich verliebt.

Der junge Mann, den sie liebte, hieß Josef. Er stammte aus der Familie des König David und von Beruf war er Zimmermann.

„Wir verloben uns", sagte Josef und Maria sagte: „Oh ja, dann laden wir alle ein und feiern ein Fest."

Das taten sie.

Maria nähte schon Tischdecken und Kopfkissen für die Zeit, wo sie verheiratet sein würde.

Dann passierte das mit dem Engel, dem Boten Gottes.

Kurz vorher war er dem Zacharias im Tempel

zu Jerusalem erschienen und hatte sein ganzes Leben verändert. Er war jetzt stumm.
Maria wusste, dass Elisabet, ihre Cousine, nun ein Baby erwartete, genau wie der Engel es vorausgesagt hatte.
Elisabet freute sich sehr.

Und nun stand der gleiche Engel, der gleiche Bote Gottes, vor ihr, der jungen Maria, die in Nazaret, einer kleinen Stadt in den Bergen von Galiläa, wohnte.
„Gegrüßet seist du, du bist voll der Gnade. Der Herr ist mit dir!"
Die junge Maria wusste gar nicht, was sie sagen sollte.
Sie war furchtbar erschrocken und hatte Angst.
Sie konnte sich das nicht erklären, was da passierte.
Sie wusste auch nicht, warum der Engel sie so angeredet hatte:
„Voll der Gnade… Der Herr ist mit dir …"
Was hatte das alles zu bedeuten?!?
Ihre Angst war groß.
Aber da sagte der Engel:
„Fürchte dich nicht, Maria, denn du hast bei Gott Gnade gefunden. Du wirst ein Baby bekommen, einen kleinen Sohn.
Dem sollst du den Namen *Jesus* geben.
Dein Kind wird ganz außergewöhnlich sein. Es wird *Sohn Gottes* genannt werden und es wird ein König sein. Ein König für alle Zeiten, für immer und ewig! Die ganze Welt wird sich über dies Kind freuen!"
Maria schwieg einen Augenblick, dann dachte sie nach.
„Ich soll einen Sohn bekommen?", fragte sie, „das geht doch gar nicht! Ich bin ja noch gar nicht verheiratet!"
Aber der Engel sagte: „Gott kann alles! Dein Sohn wird der Sohn Gottes sein. Glaubst du das?"
Ohne zu überlegen, sagte die junge Maria: „Ja, ich glaube es."
Und der Engel erinnerte sie daran, dass auch Elisabet nun nach so vielen Jahren ein Baby erwartete.
Das war ja auch ein Wunder.
„Sie ist jetzt schon im sechsten Monat!", sagte der Engel.
Maria wusste das schon.
Und sie war so fromm und voller Gottver-

trauen, dass sie zu dem Engel sagte: „Ich gehöre Gott und bin mit allem einverstanden, was ER will." (In der Bibel steht: „Ich bin die Magd des Herrn!" Aber das bedeutet genau das Gleiche.)
Und dann war der Engel verschwunden und im Zimmer sah alles so aus, als sei nichts passiert.

Am nächsten Tag dachte Maria vielleicht noch: „Hab ich das mit dem Engel wohl geträumt?", aber nach einiger Zeit bemerkte sie, dass in ihrem Bauch tatsächlich ein Baby wuchs.
Da wusste sie: „Ich habe nicht geträumt, der Engel war wirklich da und es wird alles geschehen, was er vorausgesagt hat."

„Das alles muss ich unbedingt mit jemand besprechen", dachte Maria. Ihre Cousine Elisabet fiel ihr ein und sie beschloss: „Ich werde Elisabet besuchen und ihr alles erzählen. Sie ist eine fromme und kluge Frau. Außerdem erwartet sie auch ein Baby.
Das hat ja auch ein Engel angekündigt.
Elisabet freut sich bestimmt, wenn ich sie besuchen komme.

Maria machte sich auf den Weg nach Jerusalem. Da wohnte Elisabet mit ihrem Mann in den Bergen. Zum Glück war Frühling und man konnte gut wandern und alle Blumen blühten und die Vögel zwitscherten.
(Maria wusste nicht, dass sie mitten im Winter den ganzen Weg noch einmal laufen musste, ganz kurze Zeit, bevor das Baby auf die Welt kam. Bei Regen und Kälte würde sie laufen müssen…
Gott sei Dank wusste sie das jetzt noch nicht.)
Sie kam bei Elisabet an und die freute sich so sehr, als sie Maria sah, dass sie übers ganze Gesicht lachte. Das Baby in ihrem Bauch strampelte wie verrückt.
Dann sagte sie was ganz Merkwürdiges. Sowas hatte sie noch nie zu Maria gesagt. Jetzt sagte sie es:
„Du bist gesegnet, mehr als alle anderen Frauen,
und gesegnet ist die Frucht deines Leibes!"
„Was sagst du?", fragte Maria, wieso sagst du so komische Sachen zu mir?"

„Ich weiß nicht", sagte Elisabet, „Gott hat es mir in den Mund gelegt, ich musste es einfach sagen, weil es stimmt."

Dann nahmen sich die beiden fest in den Arm und bald darauf tranken sie miteinander Kaffee und aßen Kuchen und Brot und alles, was Elisabet daheim hatte, und Elisabet sagte:

„Kannst du nicht noch ein bisschen hier bei mir bleiben?"

„Ja, gerne", sagte Maria, „ich kann dir bei der Hausarbeit helfen, mit Vergnügen helfe ich dir!"

Das fand Elisabet ganz toll und die beiden hatten eine schöne Zeit miteinander da oben in den Bergen.

Nach ein paar Wochen ging Maria wieder heim nach Nazaret.

„Ich muss unbedingt Josef wiedersehen", dachte sie, denn sie war ja in Josef verliebt.

„Und außerdem muss ich das unbedingt Josef erzählen ... Alles ... dass ich ein Baby bekomme und auch das von dem Engel und dem „Sohn Gottes". Als Josef das nächste Mal zu Besuch kam, sagte Maria: „Du, Josef, ich muss dir was ganz Wichtiges erzählen."

„Da bin ich aber gespannt."

„Die Geschichte ist aber etwas merkwürdig, wie ein Wunder."

„Erzähl schon!"

„Gut", sagte Maria, „ich erzähl's dir. Du wirst es kaum glauben: Ich bekomme ein Baby, das wird der Sohn Gottes sein und der Engel, der mir das gesagt hat, der hat auch gesagt, wir sollen ihn Jesus nennen. Und dann hat er noch gesagt, dass sich alle Menschen auf der Welt darüber freuen werden."

Josef saß zuerst stumm da. Vielleicht hat er noch einmal nachgefragt: „Bekommst du wirklich ein Baby?"

„Ja, ich bin ganz sicher."

Da ist der Josef so geschockt gewesen und ist ganz schnell nach Hause gegangen und hat in seiner Werkstatt wie wild herumgehämmert und gesägt und war ganz durcheinander in seinem Kopf und dachte: „Das hätte ich Maria nie zugetraut, dass sie fremdgegangen ist. Denn eins ist sicher, mein Kind ist es nicht. Ich habe nicht mit Maria geschlafen."

Und etwas später am Abend hat er sich gesagt: „Ich hau ab, irgendwohin, wo mich nie-

mand kennt. Ich packe noch heute Nacht meine Sachen."

In dieser Nacht musste Gott seinen Boten, den Engel, auch zu Josef schicken. Er sagte ihm: „Maria hat nicht gelogen, ihr Kind ist wirklich der Sohn Gottes und du sollst für Maria und das Baby sorgen, als wäre es dein eigenes Kind."

Da schämte sich Josef, dass er Maria nicht geglaubt hatte.

Gleich am nächsten Tag ging er zu Maria und sagte:

„Jetzt glaube ich dir. Gestern habe ich es nicht geglaubt. Ich wollte dich schon heimlich verlassen. Entschuldige!

Und weißt du was? Wir heiraten schnell, dann hat das Baby eine richtige Familie, einen Vater und eine Mutter. Und ich werde für es sorgen, als wäre es mein eigenes Kind."

Da war Maria froh und fiel Josef um den Hals und gab ihm einen Kuss und Josef lachte übers ganze Gesicht.

Didaktische Hinweise

Der Schwerpunkt dieser Stunde liegt auf dem Lehrervortrag. Vor dem letzten Abschnitt, wo Josef beschlossen hat, Maria zu verlassen, beiliegenden Brief an die Kinder (seine Freunde) vorlesen und Kinder antworten lassen.
Evtl. Antwortbrief an Josef schreiben.

∎ ∎ ∎ ∎ ∎ ∎ ∎ ∎ ∎ ∎

Nazaret im Jahre 0

Liebe Kinder!
Meine lieben Freunde!

In der letzten Zeit ist so viel passiert, dass ich ganz durcheinander bin. Deshalb schreibe ich euch.
Vielleicht könnt ihr mich verstehen!
Es tut einem so gut, wenn einen jemand versteht!

Also, ihr kennt mich. Ich bin Zimmermann. Ein ganz normaler Mensch, wie ihr auch. Ich wohne in Nazaret.
Außerdem bin ich sehr *verliebt*. Das junge Mädchen, mit dem ich verlobt bin, heißt Maria.
Sie ist wunderschön. Sie ist das schönste und liebste und freundlichste junge Mädchen, das mir je begegnet ist.
Ich habe mich schon richtig auf die Hochzeit gefreut!

„Gegrüßet seist du, Maria, voll der Gnade! ..."

Und dann – stellt euch vor – ist etwas ganz Komisches passiert: Maria ist gekommen und hat gesagt: „Josef, ich erwarte ein Baby!"

„Was???", habe ich vor Schreck gerufen, „das kann doch wohl nicht wahr sein!"

„Doch", hat sie gesagt, „das ist wahr, Josef ... und bitte ... glaube mir ... dieses Kind wird der Sohn Gottes sein ..."

„Ein Menschenkind, ein normales Kind, der *Sohn Gottes*, ... ich fasse es nicht!"

Ihr könnt euch sicher denken, dass ich vor Aufregung im Zimmer hin- und hergerannt bin!

„Wie kommst du nur auf sowas!", habe ich zu Maria gesagt.

„Zu einem Baby gehören immer *zwei*! Eine Mutter *und* ein Vater! ... Du weißt genau, Maria, dass ich *nicht* der Vater bin. Wir sind ja noch nicht einmal verheiratet."

Maria war ganz still und hat mich angeschaut und sie hat geweint und gesagt, das wüsste sie von einem *Engel*!

Seid mal ehrlich, könnt *ihr* euch sowas vorstellen?

... Dass ein Engel vom Himmel kommt und ein kleines Kind Gottes Sohn sein kann??? Ich konnte es mir nicht vorstellen.

Jetzt bin ich furchtbar traurig. Hat Maria mich vielleicht belogen? Ich glaube, das Beste ist, ich verlasse sie heimlich.

Ich weiß zwar, dass Gott Wunder tun kann.

Aber kann er in einem Menschen, in einem kleinen Kind bei uns sein??? Kann Marias Baby Gottes Sohn sein???

Wirklich, ich bin ganz durcheinander. Ich hoffe, ihr könnt mich verstehen.

Bitte, schreibt mir einen Brief!

Josef,
der Zimmermann

4 Maria und Josef denken, ihr Kind würde in Nazaret auf die Welt kommen, aber es kommt etwas dazwischen

Maria nähte Windeln und kleine Jäckchen und strickte winzige Schuhe. Josef pfiff den ganzen Tag und war in der Werkstatt beschäftigt.

Er sägte und hobelte und schreinerte ein kleines Bett und vielleicht malte er es an und dann machte er vielleicht noch einen Kindertisch, ein Stühlchen und einen Hampelmann. Das Baby Jesus sollte sich doch freuen, wenn es auf die Welt kam.

Abends malten Maria und Josef sich aus, wie alles sein würde und sie freuten sich auf ihr Kind. Auf das Kind, das Gott ihnen schenken wollte. Es war für sie wirklich ein Geschenk vom Himmel (und das war es auch für viele viele andere Menschen, die später an dies Kind glauben würden).

Dann fing der Kaiser Augustus, der Kaiser in Rom, an zu spinnen.

„Ich will wissen, wie viele Leute in meinem Reich wohnen! Ich will sie zählen lassen!

Überall auf der Welt, wo römische Soldaten die Leute besiegt haben. Alle müssen gezählt werden! Alle Familien.

Keiner darf ausgelassen werden! Alle müssen dahin fahren, wo ihre Familien wohnen, wo sie geboren worden sind. Genau das müssen sie tun! Meine Herolde sollen es verkünden!"

Die kaiserlichen Herolde ritten los auf ihren schnellen Pferden.

Eines Tages tauchten sie auch in Nazaret auf. Ach du Schreck!

Die Leute wurden zusammengetrommelt.

„He, ihr müsst euch alle zählen lassen!", schrie der Herold, „Befehl des Kaisers! Jeder muss in die Stadt gehen, wo er geboren wurde, dann ist das mit der Zählung einfacher."

„Um Himmels willen!", rief einer, „dann muss ich ja 300 Kilometer reisen mit meiner Frau und den Kindern!!! Das geht doch nicht!"

„Und ob das geht!", rief der Herold, sonst verliert ihr euer Leben, so wahr ich der Herold des Kaisers bin!
Da schwiegen die Leute erschrocken.
Und der Herold ritt weiter.
Auch Maria und Josef waren erschrocken.
Sie wussten, sie mussten nach Betlehem. Da waren sie geboren.
Normalerweise wäre das ja nicht so schlimm, aber jetzt!... Mitten im kalten Winter!... Und Maria im neunten Monat!... Sie konnte gar nicht mehr so gut laufen, jeden Tag konnte das Baby auf die Welt kommen!... Da müsste man ja die Windeln mitnehmen und dann noch Vorräte für unterwegs und warme Decken!...
Geld hatten sie nicht viel.
„Wenn wir wenigstens ein Pferd und einen Wagen hätten!"
„Haben wir aber nicht. Wir müssen trotzdem den langen Weg schaffen."
„Ach, hab keine Angst, Josef", sagte Maria, „Gott wird uns schützen."
„Wahrscheinlich hast du Recht, Maria."

Da fingen sie an zu packen,
machten alle Fensterläden zu, schlossen das Haus ab und machten sich auf die Reise. Mitten im kalten Winter.

Didaktische Hinweise

Das Thema des Unterrichtsgesprächs finden Sie in der Überschrift der folgenden Geschichte.
Viele Kinder können berichten von Umzügen, von Ängsten und Unsicherheiten.
Aktualisierung ist möglich, wenn man an Kriege denkt, die in der Welt stattfinden, und an die Folgen für die Kinder und Eltern...

Vor der eigentlichen (ziemlich kurzen Geschichte), die Geschichte „Vom Weggehen, Unterwegssein und Angst haben", einfügen. Am Ende der Stunde kann man das beiliegende Gebet mit den Kindern beten. Das Bild kann in der Schule begonnen werden (Soldaten, Sprechblase) und zu Hause „ergänzt". (Menschenmenge, von hinten gesehen.)

5 Vom Weggehen, Unterwegssein und Angsthaben

Manchmal zieht eine Familie um. Sie zieht von einer Stadt in die andere. Manchmal muss sie eine Wohnung verlassen und in eine andere Wohnung ziehen.
Wenn man weggeht, dann verliert man Freunde.
Wenn man weggeht, ist man vielleicht traurig.
Und wenn man noch unterwegs ist,
wenn man noch nicht angekommen ist, hat man Angst.
Man denkt dann:
„Wer weiß, wie alles wird.
Wer weiß, ob ich neue Freunde finde.
Wer weiß, ob es mir da gut geht.
Wer weiß, wie es da ist."

Später, wenn man angekommen ist, dann geht es wieder besser.
Da merkt man manchmal, dass es richtig war und gut.

Trotzdem, beim Weggehen hat man Angst gehabt
und unterwegs auch.

Ganz schlimm ist es, wenn eine Familie von einem Ort zum andern ziehen muss, wenn ein Baby unterwegs ist.
„Hoffentlich geschieht dem Baby nichts", denken die Eltern.
„Hoffentlich finden wir einen guten Platz, wo wir das Bettchen hinstellen können. Einen Platz, wo sich das Baby wohl fühlt."

18

Flüchtlinge müssen oft so von einem Ort zum andern ziehen.
Weil irgendwo Krieg ist,
weil man sie vertreibt,
weil man ihr Haus zerstört hat.

Die Mütter haben dann am meisten Angst.
Aber das Weinen hilft nichts.

So eine Familie (eine werdende Familie, denn das Baby war noch nicht auf der Welt), waren Maria und Josef.
Gerade zu der Zeit, als Jesus geboren werden sollte,
da mussten sie einen weiten Weg auf sich nehmen, von Nazaret bis nach Betlehem.

Sie wussten nicht, wie alles sein würde.
Sicher haben sie Angst gehabt.
Wie alle Menschen, die auf der Flucht sind,
wie alle Kinder auf der Welt, die von einem Ort zum andern ziehen müssen.
Aber Maria und Josef haben gewusst:
„Auch wenn wir Angst haben, auf Gott können wir doch vertrauen.
Auch wenn wir jetzt noch nicht wissen, wie alles ausgeht,
Gott weiß es. Das ist uns genug.
Denn Gott, unser Vater im Himmel, der ist bei uns."

Auch wir wissen oft nicht, wie alles ausgehen wird.
Auch wir haben manchmal Angst, weil wir unterwegs sind;
weil wir noch nicht da sind, wo wir hinwollen.
Weil wir nicht in die Zukunft schauen können.
Aber als Gottes Kinder wissen wir, genau wie Maria und Josef:

„Gott weiß, wie alles ausgeht.
Wir müssen keine Angst haben.
Er ist bei uns.
Immer."

Wie, das gekommen ist, dass Maria und Josef auf eine Reise gehen mussten, das wissen wir aus der Bibel und das hören wir in der Geschichte.

Gebet

Vater im Himmel, manchmal müssen wir das, was wir kennen, verlassen und uns auf den Weg machen zu etwas Unbekanntem.
Wir bitten dich:

1. Kind: Bleibe bei uns und bei allen, die Angst haben.

Alle: Wir bitten dich, erhöre uns!

2. Kind: Schenk denen, die kein Zuhause haben, die Zuversicht, dass du bei ihnen bist.

Alle: Wir bitten dich, erhöre uns!

3. Kind: Auch uns lässt du nicht allein. Hilf uns zu erkennen, dass du immer und überall unsichtbar bei uns bist …

Alle: Wir bitten dich, erhöre uns!

Du, Herr, weißt, wie alles ausgehen wird. Du kennst alle unsere Wege. Du begleitest uns, auch wenn es manchmal anstrengend ist.
Du warst bei Maria und Josef, als sie auf dem Weg nach Betlehem waren. Sei auch bei uns.
Lass uns einmal alle im Himmel ankommen bei dir.

Alle: Amen

6 Das Jesuskind kommt auf die Welt

„Ich kann nicht mehr!", sagte Maria.

„Ich bin auch ganz müde", seufzte Josef.

„Das war ein so weiter Weg von Nazaret bis Betlehem!

Meine Beine können fast nicht mehr laufen!"

„Und dann das Baby…", sagte Maria,

„ich glaube, es kommt bald auf die Welt!"

(So eine lange Reise ist auch für ein Baby der reinste Stress, auch wenn es noch im Bauch seiner Mutter ist.

Ein Baby kann fühlen, ob es der Mama gut geht und es fühlt, ob sie traurig ist oder froh. Wenn die Mutter lacht, dann strampelt auch das Baby in ihrem Bauch vor lauter Freude.)

Aber jetzt konnte Maria nicht mehr. Keinen Schritt konnte sie mehr gehen.

„Setz dich hin!", sagte Josef. „Ruh dich aus! Ich such uns einen Gasthof, eine Herberge, dann haben wir ein warmes Zimmer für die Nacht, ein Bett, dann kannst du dich ausruhen und dem Baby geht's auch wieder besser."

„Ist gut, Josef!", sagte Maria,

„Ich freue mich wirklich aufs Ausruhen! Ich warte hier auf dich."

Josef ging, klapperte alle Gasthöfe und Herbergen in Betlehem ab. Überall das Gleiche.

„Kein Bett mehr frei!", sagten die Wirte,

„Wir sind schon ausgebucht, alles voll bis unters Dach!"

Josef wurde immer verzweifelter, je länger er unterwegs war von einer Herberge zur anderen, von einem Gasthof zum anderen.

„Es muss doch irgendwo in diesem Betlehem noch ein Eckchen geben wo wir uns ausruhen können… Es muss… Maria fühlt sich sowieso nicht gut! Kein Wunder, jeden Tag kann das Baby kommen… oder jede Nacht! Manche Babys kommen ausgerechnet nachts auf die Welt!"

Bitte, nehmt uns doch auf!", flehte er die letzten Wirte in der Straße an, „Bitte nehmt uns auf, wir können nicht mehr weiter!!!

Meine Frau erwartet ein Kind! Sie ist im neunten Monat schwanger!"

„Was, deine Frau kann jeden Augenblick ein Kind bekommen??? Da braucht sie ja dringend ein Dach über dem Kopf!"

„Sag ich doch die ganze Zeit!!! Was ist, kannst du mir keins besorgen? Du kannst sicher sein, Gott wird es dir vergelten!"

Der Wirt überlegte.

Und dann fiel ihm der alte Stall ein, der Schuppen mitten auf dem Feld.

„Heu und Stroh sind warm", dachte er, „und in einem Stall bei den Tieren muss ein Mensch nicht erfrieren. Und außerdem liegt man weich. Für das Baby wäre eine Futterkrippe da, die könnte man auspolstern, fast wie ein kleines Minibett."

„Ich habe einen alten Stall", sagte der Wirt zu Josef.

„Wenn du den willst für deine Frau und für dich, dann kannst du ihn haben. Ich überlass ihn euch."

Josef fiel ein Zentnerstein vom Herzen.

„O, wir nehmen den Stall! Gerne! Ich danke dir!"

Josef küsste dem Wirt vor Dankbarkeit fast die Hände.

Dann rannte er zurück zu Maria.

„Hast du ein Zimmer und ein Bett für uns gefunden?", fragte sie.

Josef schüttelte den Kopf, tröstete sie aber sofort.

„Einen Stall habe ich auftreiben können. Einen Schuppen mitten im Feld.

Der Wirt sagt, da sind ein paar Tiere. Dann haben wir's warm.

Und von dem Heu und Stroh können wir uns ein weiches warmes Bett machen. Und außerdem riecht's noch gut."

„O ja, und für das Baby können wir auch Heu und Stroh hernehmen, damit es weich liegt."

„Da ist sogar eine kleine Futterkrippe, hat der Wirt gesagt, da haben wir sogar ein kleines Bettchen."

Da lächelte Maria wieder und freute sich und sie fanden den Stall, mit den Tieren, die da standen, und es war warm.

Es war kein Zimmer mit Dusche und Bad, aber es war kuschelig und gemütlich.

Und wirklich, noch in der gleichen Nacht kam das Baby auf die Welt. Es war ein kleiner Junge.

„Genauso hat es der Engel vorausgesagt", sagte Maria und sie zog dem Baby ein Jäckchen an und wickelte es in Windeln ein.

„Ein Junge sollte es werden und er sollte Jesus heißen!"

Und zu ihrem Kind sagte sie: „Schau, kleiner Jesus, dein erstes Bettchen auf der Welt ist eine Futterkrippe.

Leider.

Aber deine Mama ist bei dir und der Papa wird uns einen Tee kochen."

Der Ochse und der Esel, die im Stall standen, schauten ganz still und aufmerksam das Kind an. Tiere spüren, wenn etwas Besonderes passiert. Das ist immer so.

Maria ruhte sich aus und dachte darüber nach, dass sich über die Geburt ihres Kindes die Menschen freuen sollten.

Das hatte der Engel doch gesagt! –

„Und jetzt sind wir hier in einem Stall und kein Mensch weiß was davon, dass Gottes kleiner Sohn auf die Welt gekommen ist ...

Aber der liebe Gott wird schon wissen, was er tut."

Der kleine Jesus bekam süße warme Milch zu trinken und dann machten alle ein Schläfchen.

Unterdessen war auf der Weide bei den Schafen und bei den Hirten unheimlich viel los.

Zuerst unruhige Tiere, dann ein heller Himmel und die Gestalt, die ein Engel, ein Bote Gottes, war und die ihnen sagte, dass der „König der Welt" dort drüben im Stall geboren worden sei.

Die Hirten waren ganz außer sich, zuerst vor Angst, später vor Freude.

Sie hörten dann noch die vielen Engel singen und entschlossen sich:

„Wir schauen uns das an!"

Geschenke packten sie ein, Geschenke, die Hirten so haben:

guten Käse, frische Milch für die Mutter, eine selbst geschnitzte Flöte für das Kind, wenn es größer wäre,

vielleicht ein geschnitztes Schäfchen, ein Stück Spießbraten für den Vater,

denn manchmal brieten sie sich einen ganzen Hammel am Lagerfeuer.

Mitten in der Nacht kamen sie an, klopften an die Stalltür, schauten neugierig um die Ecke und fanden wirklich alles so, wie es ihnen der Engel gesagt hatte.

Die Mutter und das Kind in der Krippe in Windeln eingewickelt und sie erzählten alles von dem Engel und was der gesagt hatte, und sie packten ihre Geschenke aus.

Maria und Josef sagten „danke" und „Gott vergelte es euch" und das Neugeborene lag in der Krippe und lächelte.

Man sah ihm nicht an, dass es Gottes kleiner Sohn war.

Wie ein normales Baby sah es aus.

Aber die Hirten glaubten trotzdem.

Sie wussten es in ihrem Herzen.

Sie wussten, dass der Engel nicht gelogen hatte.

Das ist so, dass manchmal das Herz viel mehr versteht als der Kopf.

Und die Hirten dachten: „Das ist der schönste Tag in unserem Leben" und da hatten sie recht.

Maria konnte später kaum schlafen vor lauter Nachdenken und vor lauter Freude über ihr Kind.

Und seit dem Tag ist der Geburtstag von Jesus der schönste Tag für alle Kinder auf der Welt geworden.

So aufgeregt wie die Hirten damals waren, so sind heute viele, viele Kinder auf der Welt aufgeregt und sie freuen sich auch, dass alles so gekommen ist, wie der Engel es gesagt hat.

Denn sonst würden sie nicht den Geburtstag von Jesus feiern können.

Dann gäbe es kein Weihnachtsfest und keinen Tannenbaum und keine Geschenke und keine Weihnachtslieder. Gar nichts.

Jesus ist geboren *

alle Menschen

auf der Welt

freuen sich!

Es waren Hirten in der Gegend auf dem Feld,
die hüteten ihre Herden.
Und der Engel des Herrn trat zu ihnen und die Klarheit des
Herrn leuchtete um sie und er sprach:
„Fürchtet euch nicht, denn ich verkündige euch eine große
Freude: Der Heiland ist geboren!"

Didaktische Hinweise

Bei der Weihnachtsgeschichte lohnt es sich in der 1. und 2. Klasse, den Text zu lesen.
Bei Klasse 3 und 4 kann man schon auf den Originaltext im Lukasevangelium zurückgreifen.
Das erste Bild ist zum Ausmalen für die Kleinen.

Der Text kann, da er aus Punkten besteht, nachgeschrieben werden. (Besonders wichtig für Klasse 1, die um Weihnachten herum noch nicht so sicher im Schreiben ist.)
Bild Nr. 2 können die größeren Kinder so (oder anders!) selber malen. (Evtl. Auf Folie kopieren und auf Overhead-Projektor legen.)

7 Anbetung der Weisen

In einem fernen Land steht ein Mann auf dem Dach seines Hauses. Der Mann ist ein Weiser. Fromm ist er und reich. Er liest viel. Er hat nicht nur ein Buch, nein, er hat viele Bücher.
Auf dem Dach hat er ein Fernrohr. Durch dies Fernrohr schaut er den Himmel an, den Sternenhimmel. Da kennt er sich aus. Er kennt die einzelnen Sterne und Planeten.
Er bemerkt auch sofort, wenn sich am Himmel etwas verändert, wenn etwas Ungewöhnliches passiert.
Eines Tages – es ist Winter – reibt er sich die Augen und schaut noch einmal durch das Fernrohr.
Er ist sich ganz sicher, er hat etwas gesehen, was vorher nicht da war. Ein Stern, ganz hell, viel heller als sonst.
Vielleicht sind es auch drei Sterne auf einem Haufen. Das weiß er nicht. Aber er denkt: „Das ist ein besonderer Stern. Da muss etwas Besonderes passiert sein. Das hat bestimmt etwas zu bedeuten!"
Er klettert vom Dach herunter, geht dahin, wo seine vielen Bücher stehen und beginnt zu lesen. Er kann gar nicht mehr aufhören mit dem Lesen. Die ganze Nacht liest er.
Am Morgen hat er etwas herausgefunden:
Da soll bei den Juden, im Land Israel, einmal ein besonderer König geboren werden. „Na", denkt er, „könnte doch sein, dass das etwas mit dem hellen Stern zu tun hat!"
„Packt mir meine Sachen ein! Ich mache eine lange Reise!", ruft er seinen Dienern zu, „sattelt mit mein Kamel und vergesst nicht, mir noch einen kleinen Kasten mit Gold einzupacken. Das brauch ich vielleicht als -

Geschenk… Vielleicht… wenn ich den König finden sollte, den der helle Stern ankündigt …"
Seine Befehle werden ausgeführt. Sie satteln sein Kamel, legen prächtige Kleider zurecht – denn man zieht sich gut an, wenn man einen König besucht!
Und so reist er davon, immer nach Westen, immer dem Stern nach.
Auf den Karawanenstraßen, die durch die Länder des Ostens führen.

An der Grenze zum Land Israel (das die Römer besetzt haben und das sie Palästina, Land der Philister, nennen) trifft er noch einen. Der ist anscheinend auch unterwegs und kommt von weit her.
Sie unterhalten sich.
„Wohin gehst du?"
„Es hört sich zwar merkwürdig an, aber ich wandere hinter einem *Stern* her!"
„Was? Du auch???… Was suchst du denn, wenn ich mal fragen darf?"
„Ich suche den *neugeborenen König der Juden*. Ich habe darüber in meinen Büchern gelesen. Und ich meine, das muss etwas mit dem Stern zu tun haben!"
Die beiden merken ganz schnell, dass sie beide das Gleiche suchen.
Hochinteressant!
Als sie ein Stück gemeinsam unterwegs sind, hinter dem Stern her, treffen sie einen dritten. Er hat eine dunkle Haut, geht auch dem Stern nach, hofft auch einen König zu finden und hat Myrre dabei, Heilkräuter aus dem Land, aus dem er kommt.
Jetzt planen sie gemeinsam.

24

Sie sind froh, zu dritt zu sein.
Da geht alles leichter.
„Wir wissen doch schon eine ganze Menge", sagen sie zueinander.
„1. Kennen wir jetzt das Land, in das wir ziehen, denn der Stern hat uns hierher geführt.
2. wissen wir, dass wir einen König suchen
3. scheinen wir ganz nahe vor unserem Ziel zu sein."
Bei den Grenzwachen erkundigen sie sich:
„Wo wohnt euer König?"
„Unser König wohnt natürlich in der Hauptstadt!"
„Und wie heißt die?"
„Jerusalem heißt sie."
„Könnt ihr uns auch sagen, wie euer König heißt?"
„Klar. Weiß doch jeder! Unser König heißt Herodes!"
„Wir möchten sofort zu eurem König!"
„Gut, wir bringen euch hin."

Am Abend klopfen sie am Tor des königlichen Palastes an.
„Gott sei Dank! Endlich da!"
Nur eines ist komisch, sie sehen den Stern nicht mehr. Er steht nicht über dem Palast.
„Naja" denken sie, „jetzt sind wir ja am Ziel angekommen. Jetzt brauchen wir den Stern nicht mehr als Wegweiser."
(Sie täuschen sich. Sie sind nicht am Ziel. Sie sind beim falschen König. Und der Stern ist auch noch da. Aber der steht nicht über diesem Palast, der steht über einem kleinen Stall in der Nähe von Betlehem... Das werden sie später schon noch merken.)
Palastwachen bringen die drei in einen goldverzierten Saal.
„Wir sagen unserem König Bescheid, dass ihr da seid."
„Gut, wir warten hier."
König Herodes kriegt große Kulleraugen.
„Was ist los??? Drei Männer wollen zu mir??? Fremde??? Sie haben eine andere Hautfarbe als wir? – Vielleicht sind es Spione?!?
Reich sehen sie aus? ... Gold und Weihrauch haben sie dabei?"
Dann beruhigt er sich.
Er selber hält sich für einen klugen und weisen König.
Es schmeichelt ihm, dass fremde reiche Männer aus fernen Ländern zu ihm kommen. Er

freut sich, dass er so berühmt ist, über die Grenzen seines Landes hinaus ...
„Bringt die drei Männer herein!"
Die Fremden betreten den Thronsaal.
„Was wollt ihr? Und woher kommt ihr?"
„Wir kommen aus einem fernen Land! Wir haben einen hellen Stern gesehen! Und wir haben in unseren heiligen Büchern gelesen, dass hier in Israel ein König auf die Welt kommen soll. Ein ganz besonderer König. Nur ein einziges Mal kommt so ein König auf die Welt!"
Herodes denkt nach.
Er ist misstrauisch. Er denkt: „Solche unverschämten Kerle! Ein *neugeborener König*? *Ich* bin ein ganz besonderer König!
Kein anderer hat so viele Menschen umgebracht wie ich! Kein anderer versteht sich so gut mit den Römern wie ich! Kein anderer ist so mächtig wie ich! Was fällt denen ein, von einem *neuen* König zu reden! ... Wollen die am Ende eine Revolution anzetteln?
Das werden sie, wenn es so ist, mit ihrem Leben bezahlen! ..."
Aber anmerken lässt er sich nichts von seinen Gedanken.
Scheinheilig lächelt er.
„Sehr interessant, was ihr da erzählt! Ein neuer König? Ein neugeborener? ... Den möchte ich sehr gerne selber kennen lernen."
Herodes, der König, lügt.
Er meint „umbringen", wenn er sagt „kennen lernen".
Und er fragt weiter: „Wo wohnt denn der kleine neue König???"
„Na ... hmmm ... wir dachten ... wir dachten, er sei hier im Schloss!"
„Nein, das habe ich euch doch schon gesagt, der einzige König hier bin ich!"
„Dann wissen wir, ehrlich gesagt, auch nicht weiter."
Sie schauen ratlos.
Da macht der König einen Vorschlag: „Bleibt über Nacht hier und seid meine königlichen Gäste. Ich werde mich in der Zwischenzeit bei meinen Weisen und Ratgebern und Schriftgelehrten erkundigen, wo dieser Ort sein könnte. Vielleicht finden sie es heraus."
„Was für ein freundlicher, netter König!", denken die drei.
Sie essen und trinken und schlafen in seidenen Betten.

In der gleichen Nacht hat Herodes seine Ratgeber und Schriftgelehrten versammelt und tobt:

„Ihr werdet geköpft, wenn ihr nicht herausbekommt, was das mit dem neuen ‚König‘ auf sich hat! Lest überall nach! Besonders die Priester, die Theologen. Die sollen die ganze Bibel durchlesen, von vorne bis hinten, ob da was von einem ‚König der Juden‘ steht, der an einem bestimmten Ort geboren werden soll!“

Fieberhaft suchen sie.

Um Mitternacht haben sie etwas gefunden.

Eine Stelle in der Bibel.

Da steht: „Du, Stadt Betlehem“, steht da
geschrieben,
„du bist zwar nur eine kleine Stadt,
aber aus dir wird der kommen,
der einmal in Israel herrschen
wird …“

„Wir haben etwas gefunden, König Herodes“, sagen die Theologen.

„Die Stadt könnte *Betlehem* heißen.“

Der König liest selber nach. Beim Propheten Micha findet er es.

Es stimmt.

„Na, wartet nur!“

Am nächsten Morgen steht für die drei Fremden schon ein köstliches Frühstück bereit.

„Ihr sollt euch stärken“, sagt der hinterlistige König.

„Wir haben etwas herausgefunden. Der neue König könnte in Betlehem geboren sein. Versucht alles, um ihn zu finden. Bringt ihm eure Geschenke. Merkt euch das Haus und die Straße. Und dann kommt sofort wieder zu mir. Denn ich will dann hingehen und ihm auch Geschenke bringen.“

Vor Neid ist er fast grün im Gesicht.

Aber das merkt man nicht. In Schlössern ist es immer ein wenig dunkel. Das Geschenk, das er bringen wird, das ist der Tod!

Seine Truppen stehen schon in Alarmbereitschaft.

Die drei weisen Männer sind ahnungslos.

„Vielen, vielen Dank, König Herodes! Das war sehr nett und freundlich von dir, dass du uns geholfen hast, den Ort herauszufinden.

Natürlich werden wir zu dir zurückkommen und dir sofort Bescheid sagen.“

Sie verabschieden sich.

Der König steht am Fenster und schaut ihnen nach. Er ballt die Fäuste.

Sie haben es nicht weit bis Betlehem.

Als es dunkel wird, sehen sie auch den leuchtenden Stern wieder am Himmel stehen. Über Betlehem.

Sie fragen im ersten Haus: „Könnt ihr uns vielleicht sagen, wo hier der kleine König auf die Welt gekommen ist?“

„Kleiner König??? Spinner!“

Rrrrummms, die Türe wird ihnen vor der Nase zugeschlagen.

Im zweiten Haus geht es ihnen nicht viel besser.

„Hier werden keine Könige geboren! Geht in den Palast des Herodes. Der wohnt in Jerusalem.“

„Da kommen wir ja her!“

„Wir wissen von nichts!“

„Wir auch nicht!“

„Wir auch nicht!“

So geht es bis zum letzten Haus.

Betlehem ist schon zu Ende. Nirgendwo eine Spur von einem König.

„Jetzt schaut euch sowas an! Jetzt führt uns der Stern auch noch an der Nase herum!“

„Wieso?“

„Schaut mal, wo der stehen geblieben ist!“

„Wirklich verrückt, mitten auf dem Feld! Da wohnt doch niemand mehr!

Nur so ein Schuppen, ein alter Stall, ist da zu sehen.“

„Genau, und über dem Stall steht der Stern!“

„Vielleicht haben wir uns geirrt! Ich hätte Lust, wieder in mein Land zurückzukehren! Ich kenne mich nicht mehr aus.“

„Na ja, aber nachschauen könnten wir doch mal, jetzt, wo wir schon hier sind!“

Und so stapfen sie über das Feld, machen vorsichtig die Tür des Stalles auf und sehen:

… … … … … (Kinder berichten, was es zu sehen gibt) … …

Richtig, ein ganz normales kleines Kind in einer Krippe …

Da denken die drei Männer: „Hier sind wir wirklich am falschen Ort!“

Sie packen ihre Sachen wieder ein und kehren sofort nach Hause zurück.

… … … (Kinder widersprechen) … … …

Richtiges Ende:

Da erkennen sie in dem kleinen Kind den König der Welt.
Sie schenken ihm, was sie mitgebracht haben,
Gold, Weihrauch, damit es schön duftet, und Myrre, heilende Kräuter, die das Kind gesund machen können, wenn es krank ist.
Sie beten das Kind an.
Sie sind glücklich, dass ihr Weg nicht umsonst war.
Sie sind glücklich, dass sie dem Stern gefolgt sind.
Er hat sie zu diesem Kind geführt.

Bevor sie heimkehren, erscheint ihnen ein Engel. Der sagt:
„Geht nicht zurück zu König Herodes. Er will das Kind töten!"
Da sind sie erschrocken.
Sie gehorchen dem Engel
und kehren auf einem ganz anderen Weg heim in ihr Land.

Didaktische Hinweise

Bei der „Anbetung der Weisen" steht wieder der Lehrervortrag im Vordergrund.
Das Bild können die Kinder ausmalen.
Für die größeren ist noch eine Kurzprobe möglich.

Fragen zu Weihnachten (Kl. 4)

Kreuze das Richtige an!

1. *Betlehem liegt in*
   ○ Ägypten
   ○ England
   ○ Tunesien
   ○ Israel

2. *Wie viele weise Männer kamen aus dem Morgenland?*
   ○ 12
   ○ 3
   ○ 7
   ○ unzählige

3. *Warum machte sich Josef auf den Weg nach Betlehem?*
   ○ weil er so reiselustig war
   ○ er hatte dort geschäftlich zu tun
   ○ wegen einer Volkszählung
   ○ um das Christkind zu sehen

4. *Wer sagte zu den Hirten, sie sollten sich nicht fürchten?*
   ○ ein Engel
   ○ ein Priester
   ○ Maria
   ○ Josef

5. *Welcher Kaiser ließ die damalige Volkszählung ausrufen?*
   ○ Kaiser Nero
   ○ Karl der Große
   ○ Kaiser Augustus
   ○ Cäsar

6. *Wo finden wir in der Bibel die Weihnachtsgeschichte?*
   ○ in der Apostelgeschichte
   ○ in den fünf Büchern Mose
   ○ im Buch Lukas
   ○ in den Psalmen

7. *Der Engel, der die Geburt Jesu ankündigte, hieß:*
   ○ Michael
   ○ Gabriel
   ○ Raphael

8. *Maria wickelte das Jesuskind in*
   ○ Wolldecken
   ○ seidene Tücher
   ○ Windeln

9. *Aus welcher Familie stammte Maria?*
   ○ aus der Familie von Kaiser Augustus
   ○ aus der Familie des König David
   ○ aus der Familie des Mose

10. *Maria war ein*
    ○ römisches Mädchen
    ○ jüdisches Mädchen
    ○ ägyptisches Mädchen

11. *Josef war von Beruf*
    ○ Kellner
    ○ Zimmermann
    ○ Rennfahrer

12. *Später wohnte Jesus mit seinen Eltern in*
    ○ Jerusalem
    ○ München
    ○ Nazaret

11–12 Punkte = Note 1
9–10 Punkte = Note 2
7– 8 Punkte = Note 3
5– 6 Punkte = Note 4
3– 4 Punkte = Note 5

8 Johannes lebt als Prophet in der Wüste und tauft am Jordan

Wenn Gott etwas sagt, dann geschieht es auch.
Wenn Gott sagt, ein Mensch wird ein Prophet, dann wird er auch einer.
Und so wurde Johannes sehr fromm.
Er kletterte gerne in den Bergen herum.
Am liebsten in den Bergen der Wüste.
Er liebte die Wüste.
Da ist es ganz still, da ist Gott einem ganz nah.
Da wird man nicht abgelenkt. Da kann man gut nachdenken, da kann man gut beten und es ist einem, als wäre Gott neben einem.
Obwohl man ganz allein da ist.

Als Johannes ein junger Mann war, entschloss er sich, er würde mal eine Zeitlang in der Wüste leben, genau wie Mose damals.
Dem Mose war Gott begegnet. Vielleicht redete Gott auch mit ihm?
Er zog sich ein Kamelhaargewand an, das ist leicht und wärmt und nachts kann man sich damit zudecken.
Einen ledernen Gürtel, seinen Stab, den er zum Klettern brauchte, hatte er dabei, vielleicht ein Messer und eine kleine Axt, was man eben so zum Überleben braucht.
Er ernährte sich von Wüstenpflanzen, von wildem Honig und am Feuer briet er sich Heuschrecken, bis sie knusprig waren.
(Die Heuschrecken sind da viel größer als unsere grünen Grashüpfer, und gebraten schmecken sie wie die Flügel von knusprigen Hähnchen.)
So lebte er eine ganze Zeit.

Und er wurde wirklich ganz fromm. Aus ihm wurde ein Prophet.
Irgendwann hieß es in Jerusalem:
„Johannes ist wieder aufgetaucht!"
„Welcher Johannes denn???"
„Der Sohn von Zacharias, dem Hohenpriester, dem damals der Engel im Tempel erschienen ist."
„Wo ist er denn? Ist er wieder zu Hause?"

„Nein, er ist unten am Jordan."
„Am Jordan, was macht er da?"
„Er predigt und wie!
Das geht den Leuten wirklich unter die Haut."
„Er sagt, sie sollen Buße tun und ihre Sünden bereuen, denn die Zehn Gebote sind dazu da, dass sie eingehalten werden.
Und dann schimpft er mit den Leuten, weil sie sich nicht um die Gebote kümmern und er sagt, sie wären eine Bande und eine *Schlangenbrut*."
„Und dann? Was sagen die Leute?"
„Die sagen gar nichts. Sie sind ganz kleinlaut und sie sagen, sie bereuen ihre Sünden und wollen sich bessern.
Und dann ist Johannes zufrieden und er tauft sie. Er sagt: So wie das Wasser den Staub von ihnen abwäscht, so wäscht Gott die Sünden von ihrer Seele.
Und wenn sie aus dem Jordan wieder heraussteigen, dann fühlen sich die Menschen richtig gut, eben befreit, weil Gott ihnen alles verziehen hat."
„Und wer geht da alles hin?"
„Alle. Männer, Frauen und Kinder. Sogar Soldaten sind dabei."
„Das müssen wir uns anschauen."
Und so machten sich viele viele Leute aus der Gegend auf den Weg nach Jericho, zum Jordan, um Johannes, den Täufer, predigen zu hören und taufen zu sehen.
Und als sie da waren, da sagte er noch viel mehr.
Er rief den Menschen zu, was beim Propheten Jesaja geschrieben steht:
„Bald werdet ihr nicht mehr traurig sein!
Bald werdet ihr das Heil sehen, das von Gott kommt!
Ich bin die Stimme eines Rufers in der Wüste: Bereitet dem Herrn den Weg!"

Und Johannes sprach von Jesus.
Als er es sagte, wusste er es noch nicht.

29

Gott hatte die Worte auf seine Lippen gelegt.
Wie bei allen Propheten.
Er wartete mit Sehnsucht auf seine Ankunft.
Wie wir, im Advent, auf Weihnachten warten.

Didaktische Hinweise

Diese Geschichte hört, wenn sie am Advent vorgelesen wird, damit auf, dass Johannes auf den "Kommenden" gewartet hat, wie die Menschen damals und wie wir.
Wird das Thema *nach Weihnachten* durchgenommen, dann gehört die *Taufe Jesu* noch dazu.
Bild selber malen lassen. (Erinnerung: Gemaltes geht ins Langzeitgedächtnis ein!)
Bild zu Geschichte 8: Jemand wird getauft.
Bild zu Geschichte 9: *Jesus* wird getauft. Dann goldene Strahlen vom Himmel herunterkommen lassen.

9 Jesus wird von Johannes getauft – Mit Johannes dem Täufer geht es schlecht aus

Johannes taufte immer noch am Jordan.
Er predigte, redete immer wieder den Menschen ins Gewissen, sagte ihnen: "Kehrt um, bessert euch!" und die Menschen strömten zu ihm hin. Wenn sie nach Hause zurückkehrten, dann waren sie getauft, sie fühlten sich wie neugeboren, so wie wir nach einer guten Beichte.

Und dann kam eines Tages der Mann aus Nazaret, Jesus.
Johannes kannte ihn, denn er war ja mit ihm verwandt.
Aber gleichzeitig kannte er ihn nicht, denn Jesus unterschied sich von den anderen Menschen. Er war ganz von Gott erfüllt.
Das spürte auch Johannes.
Jesus stand vor ihm und sagte: "Johannes, tauf mich auch!"
"Was hast du gesagt???
Ich soll *dich* taufen???
Nein, das wäre das Unpassendste, was man sich denken kann.
Nicht *ich* sollte *dich* taufen, umgekehrt sollte es sein.
Zwischen uns beiden besteht ein himmelweiter Unterschied!
Ich bin es nicht wert, dass ich dir die Schuhbänder aufbinde!
Das weißt du!"

Aber Jesus hatte seine Meinung nicht geändert.
"Bitte taufe mich!
Wie alle anderen."
Und dann stieg er in das Wasser und Johannes taufte ihn.
In dem Augenblick teilten sich die Wolken am Himmel und die Sonne strahlte herunter und es war, als ob eine Stimme vom Himmel käme, die sagte: "Dies ist mein geliebter Sohn!"
Die meisten, die herumstanden, bekamen gar nicht mit, was da passierte.
Und Johannes erging es wohl wie damals dem Bileam. Gott legte Worte auf seine Lippen, über die er sich selber wunderte.
Er deutete auf Jesus und sagte: "Seht, das ist das Lamm Gottes!"

Jesus ging wieder fort und Johannes machte weiter. Predigte und taufte und predigte und taufte.
Eines Tages muss ihm jemand gesagt haben:
"Uns redest du ins Gewissen, aber der König, der kann machen, was er will. Der lebt mit der Frau seines Bruders zusammen in wilder Ehe... Aber den Reichen und Mächtigen sagt ja keiner was!... "
Johannes hatte keine Angst.

Er redete *allen* ins Gewissen, ganz gleich ob sie reich waren oder arm, alt oder jung.

Und er sagte: „Ja, das mit dem König ist eine himmelschreiende Sünde. Das ist Ehebruch. Und eigentlich sollte ein König ein Vorbild sein!"

Es dauerte nicht lange, da hatte man das dem König erzählt.

Der bekam eine riesige Wut auf den Propheten, der sich unterstand, ihn in aller Öffentlichkeit zu kritisieren.

„Das hättest du dir gut überlegen sollen, Bursche!", dachte der König wütend, „ich bin es, der hier die Macht hat. Ich werde dich ergreifen und in einen Kerker werfen lassen. Dann kannst du die Wände anpredigen!"

Es dauerte auch nicht lange,

da saß Johannes, den sie jetzt nur noch „Johannes den Täufer" nannten, im Verlies des Königs.

„Das hast du dir selber eingebrockt", sagte der König.

„Kann sein, aber ein Prophet muss die Wahrheit sagen.

Er ist von Gott dazu beauftragt.

Und ich sag allen die Wahrheit, auch wenn du ein König bist."

„Na gut, dann siehst du jetzt, was du davon hast!"

Rrrummms, die Gefängnistüren wurden zugeschlagen und der Schlüssel dreht sich im Schloss.

Johannes saß auf dem kalten, feuchten Gefängnisboden und dachte an seine Vorgänger, an andere Propheten. Denen war es auch oft schlecht ergangen, weil sie die Wahrheit gesagt hatten …

Johannes hatte viel Zeit zum Nachdenken und Grübeln …

Wochen vergingen, Monate, ein Jahr.

Johannes saß noch immer im Gefängnis.

Er dachte viel über Jesus nach.

„Ob er wirklich der ist, auf den wir gewartet haben?

Ob er wirklich der ist, der uns von Gott geschickt wurde???

Der, von dem die Propheten schon seit Jahrhunderten sprechen?

Oder …

Vielleicht ist er es doch nicht und es war alles nur ein schöner Wunschtraum …"

Wenn man einsam und traurig und verlassen ist, können einem schon Zweifel kommen.

Eines Tages kamen ein paar ehemalige Freunde bei ihm vorbei.

Vielleicht haben sie durch ein Gitterfenster mit ihm gesprochen.

„Ich wüsste so gern", sagte Johannes, „ich wüsste so gern, ob Jesus der Richtige ist, der, den Gott uns geschickt hat, der, auf den wir gewartet haben …

Ich wäre so froh, wenn er es wäre.

Dann könnte ich mein Leben hier – und vielleicht auch meinen Tod – besser ertragen.

Bitte, geht zu Jesus hin, erzählt ihm von mir und fragt ihn, ob er der ist, auf den wir schon so lange warten."

„Das machen wir", sagten seine Freunde.

„Wir freuen uns, wenn wir dir einen Gefallen tun können.

Wir machen uns sofort auf den Weg."

„Danke!"

„Keine Ursache, tun wir gerne!"

Und weg waren sie.

Es dauerte gar nicht lange, da waren sie wieder da.

„Johannes! Johannes!"

„Ja, was ist?"

„Wir sind bei Jesus gewesen und haben ihm alles gesagt."

„Und, was hat er geantwortet???"

Jetzt war Johannes ganz aufgeregt.

„Er hat gesagt", erzählten die Freunde, „er wäre traurig, dass du im Gefängnis wärest und wir sollten dich grüßen.

Und dann … und dann hat er noch etwas gesagt. Etwas Merkwürdiges.

Wir wissen gar nicht, was er damit gemeint hat."

„Was hat er gesagt?"

„Wir sollen dir ausrichten:

Die Lahmen gehen, die Blinden sehen,

Aussätzige werden rein und die, die taub waren, hören wieder.

Tote stehen auf, und den Armen wird das Evangelium verkündet …"

Nein, sie verstanden es nicht, was Jesus meinte.

Johannes aber wusste, dass der Prophet Jesaja vorausgesagt hatte:

„Eines Tages, wenn Gott den schickt, der alles gutmachen wird, dann werden die Lahmen gehen und Blinden sehen, die Tauben werden hören und die Armen werden glücklich sein."

Und so wusste er jetzt, dass Jesus doch der Richtige war.

Er hatte sich nicht getäuscht.
Und er hatte auch keine Angst mehr vor dem Tod.
Bald darauf wurde er von König Herodes umgebracht, er wurde enthauptet.

10 Wie Jesus zum ersten Mal mit in den Tempel durfte, wie er vergaß mit seinen Eltern heimzugehen und seine Eltern sich aufregten

Jesus lebte in Nazaret und war ein Junge wie alle anderen.

Er liebte die Berge und die Blumen im Frühling wie alle Kinder auf der Welt. Er liebte Tiere, die kleinen und die großen: Hühner und Gänse, Schafe und Ziegen und vor allem die Esel. Sie hatten so sanfte Augen und ein weiches Fell und sie konnten einen anschauen, als könnten sie alles verstehen.

Jesus rannte herum, dass ihm die schwarzen Locken an der Stirn klebten, weil er schwitzte, und ein andermal saß er still da – wie alle Kinder auf der Welt das manchmal mögen. Dann saß er auf einem Lieblingsplatz, einem weißen, von der Sonne gewärmten Felsen, hoch über Nazaret, von wo man über die ganze Stadt und die Ebene Jesreel schauen konnte. Das war ein weites Tal mit einem kleinen Fluss und hinter dem Tal lag das Karmel-Gebirge.

Am Abend war das besonders schön. Da standen die Sterne am Himmel und leuchteten wie hunderttausend kleine glitzernde Lampen.

Der Junge schaute der Mutter zu, wenn sie kochte oder die Wäsche aufhängte, und in der Werkstatt des Vaters hatte er ganz sicher eine kleine Werkbank für sich, eine Säge, Hammer und Nägel und alles, was Zimmerleute so brauchen.

„Was willst du mal werden?", fragten ihn die Verwandten und die Freunde.

„Zimmermann will ich werden, wie mein Papa!", sagte Jesus, „ist doch klar."

So wuchs er heran, spielte mit Freunden und mit seinen Vettern und Cousinen und entwickelte sich zu einem klugen, selbstständigen Kind, das aufmerksam alles beobachtete, was um ihn herum geschah. So war er 12 Jahre alt geworden.

„In diesem Jahr ist es soweit!", sagte Josef eines Tages beim Mittagessen zu Maria, „wir müssen uns in Unkosten stürzen und eine lange Reise machen, eine sehr lange Reise … Wir müssen mit dem Jungen nach Jerusalem." Dabei lachte er, denn er freute sich, dass Jesus nun Bar Mizwa, ein „Sohn der Tora", vor dem Gesetz ein „Erwachsener" wurde.

Jesus, der am Familientisch saß und fröhlich mit den Füßen baumelte, lachte auch. Er freute sich auf die Reise. Er freute sich, endlich den Tempel zu sehen, von dem er schon so viel gehört hatte. Er wusste, dass der Tempel Gottes Haus war und dass alle frommen Juden auf der Welt mindestens einmal im Jahr eine Wallfahrt nach Jerusalem machten. Auch seine Eltern hatten jedes Jahr diese Wallfahrt gemacht. Aber er durfte nie mit.

„Du bist noch zu klein! Die Reise ist zu anstrengend für dich!", hatte er immer gehört. Und dabei fand er sich gar nicht klein.

Aber jetzt! Jetzt wurde er bald 13 Jahre alt!!!
Er war kein Baby mehr, er war schon fast erwachsen. Er wusste, wenn man 13 Jahre alt ist, dann ist man für Gott erwachsen. Dann muss man Gottes Gebote halten wie ein Erwachsener, da muss man manchmal einen ganzen Tag lang fasten, auch wenn einem der Bauch noch so knurrt, darf man nichts essen und nichts trinken. Nur die Kinder und die Kranken dürfen was essen.
Und wenn man erwachsen war, dann musste man an der großen Wallfahrt nach Jerusalem teilnehmen.
Super!!!
Jesus hatte sich das schon sooo lange gewünscht.
Immer hatte er von seiner Mama gehört: „Jesus, du bist noch zu klein. Kinder machen diese anstrengende Wallfahrt noch nicht."
„Ich bin aber nicht mehr klein, ich bin groß und stark, ich kann schon auf Bäume klettern und unter Wasser die Luft anhalten. –"
„Nein!!!"

Und jetzt war es endlich soweit.
Der schöne Tag nahte. Jesus bekam ein neues Gewand, neue Sandalen, sie packten Essen ein und Wasser zum Trinken und die anderen frommen Leute aus Nazaret, Verwandte und Freunde von Maria und Josef und Jesus, die bereiteten sich genauso vor. Sie verschlossen ihre Häuser und sagten den Nachbarn: „Passt bitte auf unsere Ziegen auf und gebt der Katze Milch und den Hühnern Futter." „Ja, in Ordnung!", sagten die Nachbarn, „wird alles erledigt und betet für uns auf der Wallfahrt."
„Klar, das machen wir."

Es war eine große Menschenmenge, die sich auf den Weg machte.
Ein Gewühle und Geschubse, Lachen hörte man und Singen und Erzählen und die Kinder rannten schon voraus und die Eltern riefen: „Seid vorsichtig."
Jesus fand es toll. Er war fast nicht bei den Eltern. Immer mit seinen Freunden unterwegs oder bei den Verwandten. Maria und Josef sahen ihn oft den ganzen Tag nicht.
„Der Jesus, das ist einer!", sagten die Leute, aber sie lachten dabei, weil Jesus so ein netter Junge war.

Dann kam die große Familienfeier im Tempel. Jesus durfte zum ersten Mal aus der Bibel vorlesen, musste ganz nach vorne kommen, hielt eine Predigt, wurde gesegnet und er fühlte sich richtig super, fühlte sich ... fühlte sich irgendwie „zu Hause" ...
Die Zeit verging ihm viel zu schnell. Er stellte den Priestern, den frommen Männern, viele Fragen. Sie sprachen mit ihm, über Mose und David und Jonatan, über Gott und den Busch, der brannte und doch nicht verbrannte. Jesus kannte auch schon viele Geschichten und so blieb er bei den frommen Männern sitzen. Die staunten über den Jungen. „So ein frommes Kind haben wir selten gesehen!", sagten sie. Jesus vergaß die Zeit, er merkte nicht, dass alle den Tempel verließen und ihre Sachen zusammenpackten.
Auch Maria und Josef machten sich auf den Heimweg. Mit den anderen. Mit den Nachbarn und Verwandten.
„Jesus ist wieder weit und breit nicht zu sehen!", sagte Maria.
„Wie immer!", lachte Josef. Der ist sicher wieder mit seinen Freunden vorausgelaufen.
War er aber nicht. Diesmal nicht.

Am Abend warteten die Eltern, dass Jesus zum Schlafen kam. Sie hatten ja seinen Schlafsack dabei. Aber, niemand kam.
„Wo ist Jesus?", fragte Maria und hatte Angst in der Stimme.
„Ach, er wird bei den Verwandten sein. Vielleicht haben die was besonders Gutes zu essen und haben den Jungen eingeladen."
„Ich hole ihn", sagte Maria. „Ich gehe mit!"
Sie suchten Jesus.
Sie suchten ihn bei seinen Freunden. Da war er nicht.
Er saß auch nicht am Lagerfeuer bei den Verwandten.
Niemand hatte ihn gesehen. Keine Menschenseele.
Maria war ganz aufgeregt.
Es war schon dunkel.
Sie weinte.
„Ruh dich aus", sagte Josef, „schlaf erst mal. Es wird ihm schon nichts passiert sein. Er ist ein kluger Junge. Gott beschützt ihn."
„Morgen Früh gehe ich sofort nach Jerusalem zurück", sagte Maria, die Mutter.

„Ich gehe mit dir. Schlaf nur. Er hat einen Schutzengel."

„Ja ..."

Am nächsten Morgen sah man Maria und Josef den ganzen Weg wieder zurücklaufen nach Jerusalem.

„Habt ihr Jesus gesehen? Ist er noch hier?", fragten sie im Gasthof.

„Nein."

„Habt ihr Jesus gesehen?", fragten sie auf dem Markt, „einen Jungen von 13 Jahren, freundlich, lacht immer, schwarze Locken?"

Die Marktfrauen schüttelten den Kopf.

„Hmm ... hmmm".

„Dann weiß ich nur noch den Tempel." Marias Herz war ganz traurig vor lauter Angst und Sorge.

Kaum kamen sie in den Tempel, da hörten sie schon von weitem eine bekannte, fröhliche Jungenstimme aus einer Ecke schallen. Dort, wo die großen Säulen waren. Mit frommen Männern, mit Schriftgelehrten, saß er zusammen und mit ihnen unterhielt er sich über Gott. Die frommen Männer wunderten sich über diesen Jungen, über seine Frömmigkeit, über seine Ansichten. Jesus fand das alles so spannend, dass er buchstäblich alles um sich herum vergessen hatte.

Eltern und Freunde und Verwandte und alles.

„Jesus!!!", rief Maria und rannte herbei.

Sie lachte und weinte zur gleichen Zeit. Das ist normal für eine Mutter, wenn sie ihr Kind wiederfindet.

Jesus schaute sie an, als wüsste er gar nicht, was los war.

„Warum hast du das gemacht!?", schimpfte sie mit Jesus, „Warum hast du uns das angetan!?

Dein Vater und ich, wir haben uns deinetwegen so große Sorgen gemacht!" Und leise: „Ich hatte schon Angst, dir wäre was passiert!"

Jesus war ein bisschen durcheinander.

Er hatte das ja nicht mit Absicht getan.

Er wollte doch nicht, dass die Eltern traurig waren.

Er sagte:

„Konntet ihr euch doch denken, dass ich gerne im Haus meines Vaters bin!"

„Im Haus deines Vaters? ... Das Haus deines Vaters ist doch in Naza ..."

Maria fiel ein, dass Jesus noch einen anderen Vater hatte...

Sie sagte nichts mehr.

Aber sie war ganz fertig mit den Nerven.

„Kommt, wir gehen jetzt heim", sagte Josef.

„Ja, ich komme", sagte Jesus, „tut mir leid, Mutter, wird nicht nochmal vorkommen."

Zusammen mit seinen Eltern ging er nach Nazaret zurück.

Und er hielt sein Versprechen.

Didaktische Hinweise

Kinder darauf hinweisen, dass in Israel jeder Junge am Sabbat nach seinem 13. Geburtstag zum ersten Mal im Gottesdienst aus der Tora vorlesen und dann predigen muss. Er ist dann für Gott erwachsen.

– Ähnlichkeit mit unserer Firmung. –

Geschichte ist ausführlich.

Bild ausmalen (Unterstufe) oder abmalen lassen.

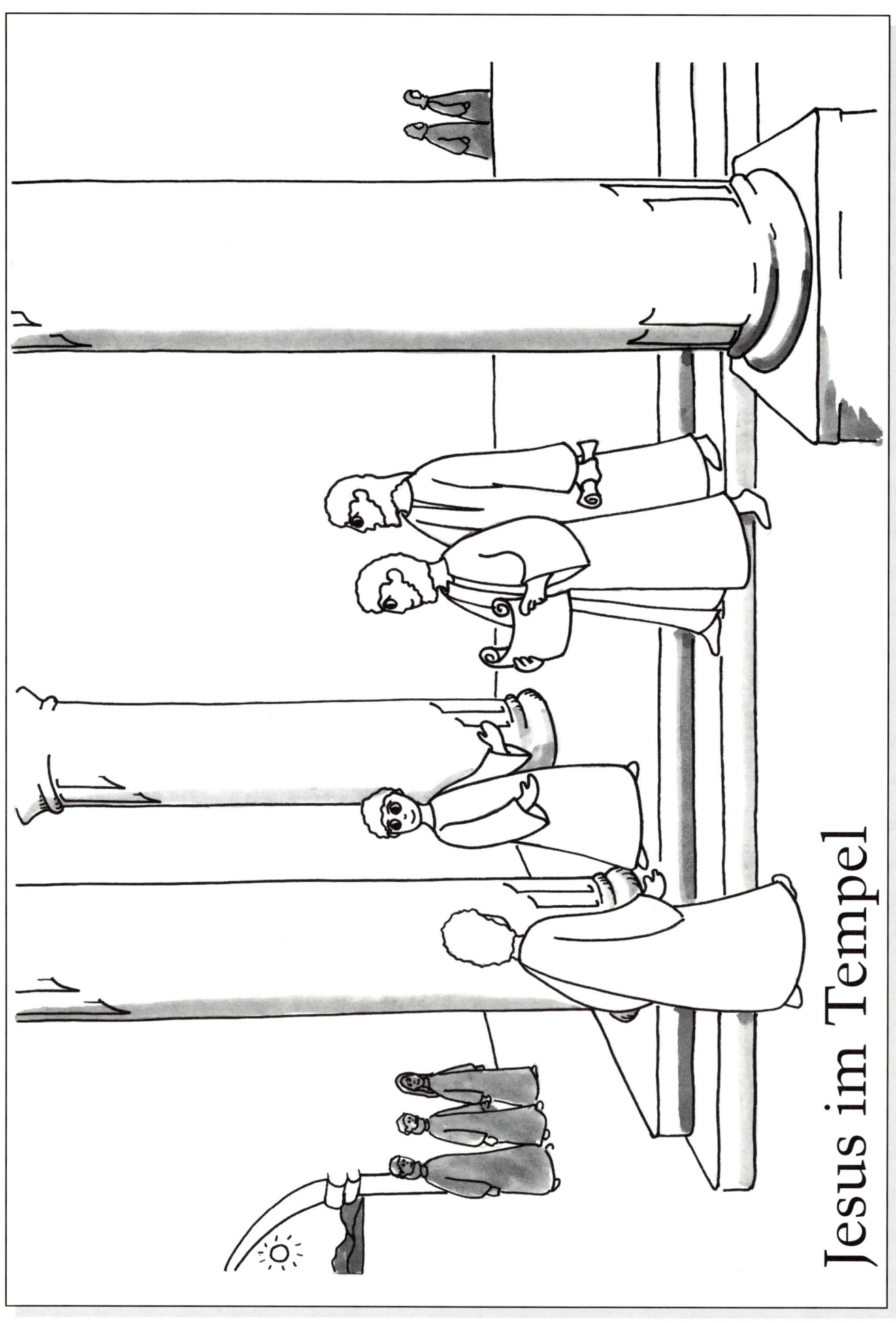

Jesus im Tempel

11 Jesus findet die ersten Freunde

Ganz viele Menschen waren da unten am Jordan gewesen.

Da hatte Johannes der Täufer gepredigt.

Sie hatten auf ihn gehört und sich gebessert.

Sie führten wieder ein gutes Leben und beteten und glaubten an Gott.

Sie hatten auch gesehen, wie Johannes der Täufer den freundlichen Mann aus Galiläa, aus Nazaret, getauft hatte. Und dabei waren Sachen passiert, die normalerweise nicht passierten.

Das mit den Wolken am Himmel, die sich plötzlich geteilt hatten, und das mit der Stimme, die gesagt hatte: „Das ist mein geliebter Sohn! Auf ihn sollt ihr hören!"

Zwei Freunde von Johannes dem Täufer hatten besonders scharfe Augen. Sie kriegten alles mit, was passierte. Sie merkten immer sofort, wenn etwas ungewöhnlich war, anders als sonst.

Und sie gehörten zu den Menschen, die viel nachdachten.

„Was könnte das bedeuten?", dachten sie zum Beispiel oder

„Wer ist denn dieser Jesus???

Der unterscheidet sich doch von den anderen Menschen!"

Sie wussten selber noch nicht genau, wie, aber sie entschlossen sich:

„Wir möchten Jesus kennen lernen. Wir möchten mehr über ihn wissen."

Eine gute Idee, eine sehr gute Idee!

Sie erkundigten sich bei Leuten, die herumstanden.

„Kennt ihr Jesus?"

„Nein!", sagten die. „Wir kennen ihn überhaupt nicht. Heute haben wir ihn zum ersten Mal gesehen."

Na, das war wohl nichts.

Aber was tut man, wenn man jemand kennen lernen möchte?

…

Sie hatten die richtige Idee.

„Wir gehen zu ihm hin. Wir sagen ihm ‚Guten Tag' und dann stellen wir uns vor und dann spricht er mit uns und dann erzählt er uns vielleicht etwas von sich und dann können wir ihn fragen, warum bei seiner Taufe so komische Sachen passiert sind und was Johannes überhaupt gemeint hat, als er sagte: ‚Ich bin es nicht wert, dass ich dir die Schuhriemen aufbinde!'"

Sie schauten sich um, um zu sehen, wo Jesus war. Damit sie zu ihm hingehen konnten.

Aber Jesus war schon gar nicht mehr da.

Er hatte sich schon auf den Heimweg gemacht.

Sie sahen ihn auf dem Weg am Jordanfluss weggehen. Ein ganzes Stück war er schon von ihnen entfernt. Man konnte ihn aber noch gut erkennen.

„Jetzt aber nichts wie hin!", sagten die beiden Freunde.

Und sie rannten los.

Hinter Jesus her.

Fast hatten sie ihn eingeholt, da blieben sie stehen.

Es war ihnen peinlich.

„Wir können doch nicht einfach neben ihm auftauchen und sagen:

„He, erzähl uns was von dir! – Nein, das geht nicht."

Sie gingen hinter Jesus her, hielten aber Abstand.

„Was machen wir nur?"

Jesus hatte längst gemerkt, dass die beiden hinter ihm herkamen.

Jetzt blieb er stehen, drehte sich um, schaute die beiden freundlich an und fragte: „Was wollt ihr?"

Die beiden waren durcheinander.

„Rabbi"… stotterten sie (das heißt auf deutsch „Meister" oder „Boss" oder „Du-bist-der,-der-sich-auskennt"),

und dann fiel ihnen nichts Anderes ein als zu fragen:

„Wo wohnst du?"

Peinlich.

Aber Jesus sagte ganz freundlich: „Kommt doch mit mir und schaut es euch an, wo ich wohne."

Hach, da fiel den beiden ein Stein vom Herzen.

Jetzt brauchten sie sich nicht mehr den Kopf zu zerbrechen, wie sie es am besten anstellen könnten, Jesus kennen zu lernen.

Jesus hatte sie ja eingeladen!

Fröhlich und erleichtert gingen sie jetzt neben ihm her.

Sie konnten mit ihm sprechen, konnten ihn alles fragen, was sie fragen wollten, hatten eine spannende Unterhaltung, gingen zusammen etwas essen und trinken, saßen den ganzen Tag und den ganzen Abend noch mit Jesus zusammen und als sie schlafen gingen, waren sie andere Menschen geworden.

Glückliche, fröhliche Menschen. Sie waren nämlich Freunde von Jesus geworden. Und Freunde würden sie für immer und ewig bleiben.

Sie mochten Jesus und Jesus mochte sie.

Es ist sehr schön, ein Freund von Jesus zu sein.

Die Freunde von Jesus hießen damals Apostel oder Jünger. Jesus hat sich dann noch mehr Freunde gesucht.

Aber sie waren die allerersten.

Sie haben sich später immer an diesen Tag erinnert.

Sie wussten sogar noch die Uhrzeit, wann sie Jesus getroffen hatten.

Und solche Sachen merkt man sich nur, wenn einem was sehr sehr wichtig ist.

Didaktische Hinweise

Nach dem Lehrervortrag können Kinder die Geschichte spielen.

Sie gehen hinter Jesus her, verstecken sich, laufen wieder, am Ende bleibt Jesus stehen, da wissen sie nicht, was sie sagen sollen, sind verlegen und fragen einfach: „Wo wohnst du überhaupt?"

Jesus sagt: „Kommt, ich zeig's euch, ich lade euch ein!", dann gehen sie zu dritt weiter.

Sie können einander die Arme auf die Schultern legen. Sichtbares Zeichen, dass sie jetzt Freunde sind.

Bild abmalen von der Folie (oder auch von der Tafel, wenn die Lehrerin/der Lehrer selber gerne malt.)

12 Simon verlässt sein Schiff und bekommt einen neuen Namen

Simon ist ein Fischer. Der Vater, der Großvater und der Urgroßvater waren auch Fischer.

Sie wohnen am See Gennesaret. Da haben sie ein schönes Haus. Das steht am See. Da kann man am Abend unter Palmen und Eukalyptusbäumen auf einer Bank sitzen und sehen, wie hinter dem See die Sonne untergeht.

Simon ist der Wichtigste in der Familie.

Er ist der Stärkste. Außerdem redet er immer am lautesten.

Ihm macht niemand etwas vor.

Auch wenn den anderen schon nichts mehr einfällt, weiß er immer noch was zu sagen.

Simons Frau und auch die Oma (Simons Schwiegermutter) wohnen im Haus von Simon, dem Fischer, und noch mehr Leute.

Sie haben ein großes Haus.

Andreas wohnt noch da, der Bruder von Simon, der ihm immer beim Fischen hilft, und Knechte haben sie auch noch, denn es ist unmöglich, die ganze Arbeit ohne fremde Hilfe zu schaffen.

Sie haben mehrere Fischerboote. Sie sind keine armen Fischer.

Mit vielen Booten und wenn einem viele helfen, dann kann man auch viele Fische fangen.

Und verkaufen und Geld mit nach Hause bringen und auf dem Markt alles einkaufen, was die Familie braucht.

Die Fische fangen sie immer nachts.

Am Tag ist es den Fischen oben zu heiß. Der See ist 200 m tief. Und wenn vom Himmel die Sonne brennt, dann schwimmen die Fische schnell nach unten. Da ist es kühl. Angenehm für Fische.

Aber nachts …

Da zünden die Fischer vorne am Boot eine Laterne an.

(Das machen sie bis heute so!)

Und die Fische, die sowieso schon nach oben gekommen sind, die denken: „Nanu, was ist denn das?"

Und sie kommen schnell angeschwommen geradewegs in das Netz der Fischer hinein.

Die brauchen die Netze nur noch an Land zu ziehen und die Fische zu sortieren. Die großen auf einen Haufen, die kleinen auf einen Haufen und die Prachtstücke extra.

Jetzt ist Morgen.

Die Sonne scheint schon. Die Boote sind an Land gezogen, die Fischer stehen oder sitzen da, einige waschen die Netze, aber sie sehen dabei nicht fröhlich oder zufrieden aus. Die Stimmung ist schlecht.

Es gibt nämlich nichts zu sortieren.

Heute gibt es gar keine Fische.

In dieser Nacht haben sie nichts gefangen.

Nichts.

Keinen Fisch.

Mist!

Simon ärgert sich. Und wie!

Auch Andreas ärgert sich. Sie sind müde und enttäuscht.

Die ganze Arbeit umsonst.

Die ganze Nacht umsonst gearbeitet.

Wieso eigentlich?! Was ist denn passiert?!

Haben sie etwas falsch gemacht?

Nein.

Sie hatten die Laternen angezündet wie immer, die Netze ausgeworfen wie immer … trotzdem … kein Fisch.

Die Fischer haben eine ganz schlechte Laune.

Da kommt Jesus.

Menschen rennen hinter ihm her. „Halt uns eine Predigt!", rufen sie, „erzähl uns was von Gott! Niemand erzählt so schön wie du!"

Sie drängeln und schubsen.

Jesus klettert in das Boot von Petrus.

„Könntest du mich ein Stückchen vom Ufer wegfahren? Nur so weit, dass ich alle Menschen sehen kann und dass sie hören können, was ich sage?"

„Kein Problem", sagt Petrus, „setz dich auf die Bank."

„Danke!"

Und Jesus setzt sich und dann kann er in Ruhe von Gott erzählen.

Die Zeit vergeht.

Jesus schaut Simon an … dieser freche Kerl gefällt ihm.

Er schaut zu Andreas hinüber. Der gefällt ihm auch.

„Die möchte ich als meine Freunde haben", denkt sich Jesus.

Und er beginnt ein Gespräch.

„Habt ihr heute keine Fische gefangen?"

„Siehst du doch!"

„Fahrt doch nochmal raus, vielleicht fangt ihr jetzt welche."

„Was, Fische?"

„Ja."

„Jetzt?"

„Ja."

„Jetzt ist doch Tag! Die Sonne scheint!!!"

„Na und?"

„Da kann man doch keine Fische fangen!"

Jesus lächelt Simon an. Der fühlt sich auf einmal ganz unsicher.

Er weiß nicht, was mit ihm los ist.

Und plötzlich, nach einer Pause, sagt er:

„Ich hab's mir überlegt. Ich fahr doch noch mal raus zum Fischen."

„Spinnst du?", rufen die anderen Fischer.

„Nein."

„Warum willst du jetzt am helllichten Tag hinausfahren!?!

Du weißt doch, dass man da nichts fangen kann!

Hast du plötzlich verlernt, *wie* man am See Gennesaret fischt?"

„Nein, hab ich nicht."

„Und warum willst du dann trotzdem fahren?"

Simon deutet auf Jesus.

„Weil ER es gesagt hat."

Alle schauen Jesus an.

„Wieso sagt er sowas? Der kann doch nie und nimmer ein Fischer sein. Sonst wüsste er doch, dass man am Tag nicht fischen kann. –"

Simon scheint das egal zu sein.

„Ab ins Boot", ruft er und holt die Netze.

„Ich komme mit!", sagt Andreas, sein Bruder.
Sie rudern davon.
Alle anderen denken: „Die spinnen wirklich!"
Aber das stimmt nicht.
Petrus hat nur so ein Gefühl: „Wenn Jesus etwas sagt, dann sollte man es tun … Wenn ER etwas sagt, dann ist das nicht das Gleiche, wie wenn jemand anders etwas sagt."

Sie werfen das Netz aus.
Schwupps, sind die Fische zu Tausenden im Netz.
Das Wasser glitzert richtig von lauter zappelnden Fischen.
„Ach du lieber Himmel! …
So etwas hat's ja noch nie gegeben! …
Das geht ja gar nicht mit rechten Dingen zu! …
Jesus … wer ist denn das??? …
Ist das ein Heiliger?
Ist der von Gott geschickt???
Ja, so wird es sein! …"
Und Simon denkt weiter: „Und ausgerechnet bei *mir* tut er so ein Wunder! Ausgerechnet für *mich* interessiert er sich!
Da muss ich mich ja richtig schämen,
dass ich immer so frech bin
und so ein Besserwisser,
und gar nicht richtig fromm, viel zu wenig …"

Zusammen mit den anderen Fischern ziehen sie die Netze ans Land.
Die sind nämlich so voll, dass sie fast platzen.
Man kann sie gar nicht ins Boot bekommen.
Die Fischer müssen sie gemeinsam mit mehreren Booten ans Ufer ziehen.

Dann rennt Simon sofort zu Jesus.
Er weiß nicht, was er sagen soll.
Er schämt sich, dass er nicht immer so fromm ist, wie er sein sollte.
Aber er mag Jesus.
Der sagt:
„Simon, ich möchte so gerne, dass du mein Freund wärst.

Willst du mit mir gehen?"
„Jetzt sofort?"
„Ja!"
„Ich geh mit dir bis ans Ende der Welt."
Da kommt Andreas angelaufen.
„Ich will auch mit!"
Er will immer das Gleiche, was sein Bruder will. Das ist bei Brüdern oft so. –
Und ein Stückchen weiter weg sitzt einer unter einem Baum. Der heißt Natanael. Der hat gebetet und ist ein ganz ehrlicher Mensch.
Jesus hat ihn beobachtet. Er hat in sein Herz gesehen.
Er geht zu ihm hin und sagt: „Ich würde mich freuen, wenn du auch mein Freund würdest, Natanael!"
„Woher kennst du mich?", fragt der verwundert.
„Ich habe dich vorhin unter dem Feigenbaum sitzen sehen", sagt Jesus und ich weiß auch, dass du ein anständiger, ehrlicher Mensch bist."
Natanael schüttelt verwundert den Kopf.
Aber er erhebt sich sofort und ist bereit, Jesus zu folgen.
Der hat jetzt schon fünf Freunde.
Sicher hat Simon sie erst einmal alle in sein Haus zum Essen eingeladen.
Er hat Jesus so gemocht, er hat ihm in seinem Haus ein eigenes Zimmer gegeben.
„Hier kannst du immer schlafen, wenn du bei mir zu Besuch bist."
„Und du", sagt Jesus zu Simon, „du wirst von jetzt an einen anderen Namen haben. Du wirst Petrus heißen!"
„Wieso?"
„Weil Petrus ‚Felsen' heißt und weil du so zäh und so fest bist wie ein Felsbrocken."
Da muss Simon lachen. Er weiß, dass Jesus Recht hat und ihm gefällt der neue Name.
Am meisten gefällt ihm, dass Jesus ihm den gegeben hat.

So sind sie Freunde geworden für immer.

Didaktische Hinweise

Bei dieser Geschichte geht es um Freundschaft mit Jesus. Liedvorschlag: die ersten beiden Strophen von *„Danke für diesen guten Morgen"* (Gotteslob Nr. 941; 2.Strophe beginnt mit *„Danke für alle guten Freunde"*) oder irgend ein anderes Jesuslied, das die Kinder kennen oder kennen lernen sollten. Das Blatt mit den Fischern, die ihre Netze und ihre Boote zurücklassen, um mit Jesus zu gehen, ausmalen.

(Tipp: Wenn ein neues Lied gelernt werden soll, während des Malens die Melodie, mal leiser und mal lauter, immer wieder spielen.

Das beruhigt die Kinder, sie sind entspannt und wenn sie mit dem Malen fertig sind, können sie das neue Lied sehr schnell mitsingen.)

13 Jesus findet noch mehr Freunde

Ein junger Mann hat ein schönes Haus und einen Garten und Pferde und einen Wagen. Er tut viel Gutes. Er füttert die Katzen und Hunde und Eichhörnchen, lässt die Kinder in seinem Garten spielen und Erdbeeren pflücken und schenkt den armen alten Frauen Obst.
Da kommt Jesus vorbei.
„Ich kenne dein gutes Herz. Willst du mein Freund sein?"
„Ja, gerne! Ich gehe mit dir!"

Einer ist ganz jung und weiß nicht, welchen Beruf er ergreifen soll. Bäcker? Nein! Metzger? Nein! Kaufmann? Nein! Schneider? Nein!
Jesus kommt vorbei.
„Willst du mit mir gehen? Mein Freund sein?"
„Was tun wir denn dann?"
„Kranke heilen, von Gott erzählen, lieb zu Kindern sein…"
„O ja, das ist ein wunderschöner Beruf…"

Einer hat ganz viele Bücher über Gott. Er hat Theologie studiert.
Er liest den ganzen Tag und er betet. Wenn ihm was Wichtiges einfällt, schreibt er es auf. Er ist sehr klug und sehr fromm.
Jesus kommt vorbei.
„Willst du mit mir gehen? Mein Freund und Schüler sein?"
„Ja, gerne", sagt der kluge und fromme Mann, denn er spürt, dass in Jesus Gott bei den Menschen ist. Viel mehr als in den frommen Büchern.

Zwei Brüder sind richtige wilde Kerle. Sie schimpfen sich aus, fluchen, hauen mit der Hand auf den Tisch, geraten immer leicht in Wut.
Wenn römische Soldaten kommen, die zu den Leuten gemein sind, dann stellen sie ihnen einen Hinterhalt. Sie holen dicke Felsbrocken und schmeißen sie von oben den Soldaten auf die Köpfe. Zum Glück haben die Helme auf. Aber manchmal fallen Soldaten vom Pferd. Dann machen die beiden Brüder einen Freudentanz.
Dann gehen sie nach Hause und brüllen: „Wir haben Hunger!!! Wann gibt's endlich was zu essen!"
Der Vater sagt: „Das sind vielleicht zwei Söhne! Wenn die kommen, das ist wie ein Gewitter. Am besten nenne ich sie *Donnersöhne*.
Jesus kommt vorbei, schaut die beiden an, lacht und sagt:
„Wollt ihr mit mir gehen, meine Freunde sein? Solche wie euch kann ich gut gebrauchen!"
„Klar", sagen die, „von jetzt an bist du unser Boss. Wir tun alles, was du sagst. Du kannst dich auf uns verlassen."

Und so werden sie immer mehr. Die neuen Freunde von Jesus sind alle ganz unterschiedlich. Es gibt reiche und auch arme dabei.

Jesus findet Freunde.
Elf hat er schon

Weise, gelehrte Männer und wilde, freche Kerle. Handwerker und Fischer, Junge und Ältere.
Sie alle kann Jesus gebrauchen.
Sie alle werden zu seinen Jüngern, zu Aposteln.

Der nächste Freund, den Jesus sich sucht, der ist sogar ein Betrüger.
Er ist ein Zollbeamter der Römer und heißt Matthäus.
Man sieht, Jesus macht keine Unterschiede.
Das einzige, worauf es ankommt, ist, ob man sein Freund sein will!

Didaktische Hinweise

Im Unterrichtsgespräch besonders darauf hinweisen, dass Jesus sich die unterschiedlichsten Menschen aussucht, um sie zu seinen Freunden zu machen. Diese Geschichte ist eigentlich nur eine Fortsetzung der vorigen.
Die Kinder sollen mitbekommen, dass Jesus sich nacheinander zwölf Freunde sucht und diese von überall her kommen.
Beim Bild sollten sich die Kinder beim *Ausmalen* der Gesichter Mühe geben, dass jedes anders aussieht: Lieb, freundlich, wild, grimmig, lachend, neutral.

14 Matthäus, der Zöllner, wird ein Freund von Jesus

In einem Dorf wohnte ein böser Mann. Der hieß Matthäus.
Das war ein Gauner.
Ein Zollbeamter, ein Zöllner.
Der kassierte Geld von den Leuten.
„Sie müssen Zoll bezahlen!", schrie er die Leute an, „100 DM müssen sie bezahlen oder ich nehme Ihnen Ihre Sachen weg!"
Und damit sie viel Geld einnehmen konnten, hatten damals die Römer hinter jedem zweiten Dorf eine Grenze gezogen. Und überall saßen Zöllner und Gauner, die nahmen den Leuten, wenn sie nicht so viel Zoll bezahlen konnten, einfach ihre Sachen weg.
Da halfen keine Tränen und kein Bitten und kein Flehen.
Meistens blieben die Leute ja zu Hause, aber manchmal muss man doch in ein anderes Dorf, einen Zentner Mehl kaufen oder eine Kuh oder einen Sack Kartoffeln oder man muss die Sachen zum Markt bringen oder die Mutter braucht Stoff, um den Kindern im Winter einen warmen Mantel zu nähen …
Und alle Leute mussten bei diesem bösen Mann vorbei, dem Zöllner, der ihnen das ganze Geld abnahm oder die Kuh und den Stoff für sich behielt, wenn die armen Leute nicht zahlen konnten.
Es machte dem bösen Mann nichts aus, wenn die Mutter weinte
oder wenn die Kinder weinten
oder wenn die Männer schimpften.
„Zahlen oder Sachen her!", schrie er.
Und so wurde er sehr reich.
Zuerst war er glücklich, dass er so viel Geld hatte und ein tolles Haus direkt am See und viele Zimmer und Schränke voller Kleider und Geschirr und schöne Tischtücher und silberne Löffel und Gabeln. Er schaute sich seine Sachen an und sagte zu sich: „Jetzt lade ich meine Freunde ein! Die werden mich bewundern, dass ich sooo reich bin und sooo schöne Sachen habe, und dann feiern wir ein Fest!"
Vonwegen … … …
Die Freunde kamen nicht.
Sie wollten keinen Gauner als Freund.
Nur seine Kollegen, die anderen Zöllner, kamen.
Die waren selber Gauner.
Das gefiel Matthäus nicht so gut.

Er wollte seine Freunde von früher einladen. Aber die kamen einfach nicht mehr. Sie wollten nicht mehr seine Freunde sein.

Da saß er jeden Abend allein in seinem großen Haus und musste allein essen und allein im Garten spazierengehen und allein in seinen vielen Zimmern herumlaufen.

Da wurde er nach und nach ganz traurig.

Immer trauriger wurde er.

Er war ein richtiger trauriger Gauner.

„Am liebsten wäre ich nicht mehr reich!", sagte er sich, „am liebsten hätte ich wieder viele Freunde. Es ist nicht schön ohne Freunde zu leben."

Aber er wusste nicht, was er machen sollte.

Eines Tages saß er wieder an der Grenze.

Vor ihm stand der große Tisch mit dem Haufen von Geld. Der eine Haufen gehörte den Römern, den musste er abliefern, alles andere steckte er in seine eigene Tasche.

Da kam der fremde Mann vorbei. Es war Jesus.

Er hatte noch ein paar Freunde bei sich.

Die mochten ihn und Jesus mochte sie und sie lachten zusammen und erzählten und feierten und machten alles, was Freunde miteinander machen.

Matthäus sah das.

Er war neidisch und traurig, weil er keine Freunde hatte.

„Los, Geld her!", rief Matthäus Jesus zu.

„Ich hab kein Geld", sagte Jesus, „und meine Freunde haben auch nichts. Schau, unsere Taschen sind leer!"

Er zeigte ihm die leeren Taschen.

„Was", dachte Matthäus, „jemand hat gar kein Geld dabei?

Das ist aber komisch!"

Jesus blieb vor ihm stehen und schaute ihn an.

Ganz lange.

Er schaute Matthäus in die Augen und ins Herz und er sah, dass Matthäus reich war und furchtbar traurig und allein, ohne einen einzigen Freunde auf der Welt.

„Matthäus", sagte Jesus, „komm, geh mit mir. Sei mein Freund!"

Und was meint ihr, was der alte Gauner tat?

Er ließ das ganze Geld liegen, stand auf und ging mit Jesus weg.

Einfach so.

„Er ist übergeschnappt", sagten die anderen Leute.

Aber er war nicht übergeschnappt.

Jesus sagte: „Wir besuchen dich jetzt in deinem schönen Haus am See und da feiern wir zusammen ein Fest, weil wir jetzt Freunde sind für alle Zeiten, du und ich und meine anderen Freunde."

„Freunde für alle Zeiten?", fragte Matthäus ungläubig

und Jesus lachte ihn an: „Genauso ist es!"

In dem Augenblick ist aus dem traurigen bösen Matthäus ein fröhlicher, guter Matthäus geworden.

Und alles, was er geklaut hatte, gab er den Leuten zurück und er sagte: „Entschuldigung!"

Matthäus konnte gut rechnen und lesen und schreiben.

Deshalb hat er viel viel später alles, was er mit Jesus erlebt hat, aufgeschrieben.

Das können wir heute noch lesen. Nach 2000 Jahren.

In der Bibel.

Da hören wir manchmal am Sonntag in der Kirche den Pfarrer sagen: „Aus dem heiligen Evangelium nach Matthäus …"

Bei Jesus kann aus einem Gangster ein Heiliger werden.

Didaktische Hinweise

Die Geschichte vom bösen Zollbeamten spielen lassen. Kinder kommen mit verschiedenen Sachen (Mehl, Obst/Gemüse, ein paar Hühnern, einen jungen Esel, zwei Schafen usw.) an der Zollstelle vorbei.

Sie schimpfen, weil sie so viel zahlen müssen, aber römische Soldaten stehen dabei. Matthäus legt auffällig das Geld zur Hälfte auf den einen Haufen, der ist für die Römer, und den anderen, der für ihn selber ist. Dabei freut er sich sichtlich, dass er so reich wird.

Aussprüche der Vorbeikommenden: „Dann haben meine Kinder nichts zu essen" o. ä. rühren ihn nicht. Mütter können weinen und flehen. Dann sind die Kinder schon beim Spielen „wütend" auf den Gauner. Um so erstaunlicher ist dann die „Wendung", wo Matthäus alles stehen und liegen lässt, um mit Jesus zu gehen.

Spiel nicht vorher üben.

Es ist „gespielte Wiederholung". Die Lehrerin/der Lehrer hilft nur ab und zu. Wenn jemand unbedingt spielen will, aber nicht „aufgepasst hat" und nichts zu sagen weiß, Spieler mitten im Spiel auswechseln.

(Auf positive Verstärkung achten. Nicht: „Du kannst es nicht! Geh!", sondern: „An den Text kannst du dich dieses Mal nicht mehr so gut erinnern. Geh auf deinen Platz. Beim nächsten Mal geht es sicher besser.")

Jemand, der sich nicht an die Spielregeln hält, darf nicht mitspielen.

(Etwa dummes Zeug machen oder dazwischenschreien.)

Religionsstunden, in denen gespielt wird, sind sehr beliebt und der Lerneffekt ist groß. Sie können auch selber mitspielen, am besten als Jesus.

15 Der reiche Jüngling will nicht wegen Jesus auf seinen Reichtum verzichten und geht wieder nach Hause

Jesus wanderte am See entlang. Viele Menschen gingen mit ihm.

Sie mochten ihn. Sie waren seine Freunde.

Zwölf von ihnen waren seine besten Freunde. Die hatte er alle einzeln gefragt: „Willst du mit mir gehen?", und alle hatten gesagt: „Ja, ich gehe mit dir."

In der Menschenmenge, die Jesus folgte, war auch ein junger Mann.

Er war sehr sympathisch und nett. Und außerdem elegant.

Superschick angezogen. Ganz modern. Teure Sachen hatte er an. Das sah man schon von weitem. Goldenes Kettchen und teure Fingerringe mit Edelsteinen.

In seinen Taschen hatte er sicherlich jede Menge Goldstücke. Damit konnte er sich alles kaufen, was er wollte.

Seine schicken Sachen und sein Gold, das war ihm viel wert.

Er besaß auch Grundstücke und Häuser und Felder und Wälder.

Alles gehörte ihm, weil er ja so reich war.

Seine vielen Sachen waren ihm sehr sehr wichtig.

Jeden Tag zählte er sein Geld und verwaltete seine vielen Sachen und sorgte dafür, dass er immer reicher wurde.

Fromm war er auch. Er betete, ging zum Gottesdienst und tat viel Gutes. Er war ein guter Mensch.

Aber er war fest davon überzeugt:

„Das Wichtigste auf der Welt ist doch, dass man viel besitzt.

Dann hat man keine Sorgen. Man kann sich immer schick anziehen und hat genug Gold in den Taschen.

Ja, das ist das Allerwichtigste auf der Welt!"

Der junge Mann war zwar nett, und fromm war er auch, aber in der Angelegenheit mit dem Geld irrte er gewaltig!

Es gibt Sachen, die sind noch viiiel wichtiger!!!

Gott zum Beispiel ist wichtiger!

Und Jesus ist wichtiger! –

Von Jesus hatte jemand dem jungen Mann erzählt, und darum war der junge Mann zu Jesus gekommen.

Als Jesus ihn sah, schaute er ihn freundlich und liebevoll an.

Er mochte ihn gut leiden.

„Vielleicht kann er auch einer von meinen Freunden werden???

Er ist wirklich sehr nett!"

Das dachte Jesus, als er ihn so vor sich stehen sah.

Der junge Mann sagte zuerst etwas.

„Ich will in den Himmel", sagte der reiche

junge Mann, „was muss ich tun, um hinein-
zukommen?"

„Halt die Gebote", sagte Jesus.

„Welche?"

„Na, die Zehn Gebote... du weißt schon...
den Feiertag heilig halten... Vater und
Mutter ehren... nicht lügen und stehlen...
na, du weißt schon. – Kennst du denn die
Gebote?"

„Klar", sagte der reiche junge Mann, „klar
kenne ich die. Die kenne ich alle. Die hab ich
schon als Kind gelernt. Und ich halte sie
auch."

„Und möchtest du noch mehr tun?", fragte
Jesus.

„Möchtest du etwas ganz Tolles tun, einfach
so, aus Liebe zu Gott, ganz freiwillig?"

„Ja, möchte ich", antwortete der junge Mann.

„Gut", sagte Jesus.

„Ich habe einen Vorschlag: Geh hin, verkauf
deine vielen Sachen, schenk das Geld den
Armen und dann komm mit mir und sei
mein Freund."

„Ich soll dein Freund sein? Magst du mich
denn?"

„Ja!"

Der junge Mann dachte nach, dann schüttelte
er den Kopf.

„Alles verkaufen, was ich habe? Alles den
Armen geben?

Das kann ich nicht. Nie und nimmer. Das ist
zu viel verlangt..."

„Nein", sagte er laut zu Jesus, „nein, wenn
das so ist, dann kann ich nicht mit dir gehen."

Seine vielen Sachen und sein Gold waren ihm
nämlich mehr wert als die Freundschaft von
Jesus.

Seine Sachen waren für ihn wichtiger.

Er schaute Jesus nicht mehr an, drehte sich
auf dem Absatz herum und ging davon.

Einfach so.

Jesus schaute ihm nach, traurig, und sagte:
„Schade!"

Didaktische Hinweise

Nach dem Vorlesen Unterrichtsgespräch, dann die
Kinder selber malen lassen (von der Folie oder
Tafel). Den reichen jungen Mann „sehr schön"
verzieren lassen und zu Hause weitere „Reichtümer", aus Katalogen ausgeschnitten, auf die
Seite des jungen Mannes kleben. Das können
ruhig „Reichtümer von heute" sein: Stereoanlage,
Fernseher, Mountainbike. Dann merken die Kinder leichter, dass die Geschichte auch die Menschen von heute, uns, betrifft. Jesus sollte uns
wichtiger sein als alles Andere. Ist es aber leider
oft nicht. Das ist Realität.

(Dann denkt man nicht: „Dieser junge Mann war
ein Dummkopf", sondern man hat Verständnis
für ihn.)

Erstaunlich ist nicht, dass manche Leute nicht
mit Jesus gegangen sind, erstaunlich ist, dass
einige mit ihm gegangen sind.

Der reiche Jüngling

16 Wie Jesus in Kana zu einer Hochzeit eingeladen ist und er sein erstes Wunder tut

„Jesus, wir sind zu einer Hochzeit eingeladen", sagt Maria, seine Mutter. „Da müssen wir alle hin! Ich freue mich schon!"

Jesus freut sich auch.

Er mag Feste. Er findet es schön, mit Freunden oder Verwandten etwas zu feiern.

Er mag es, wenn Menschen fröhlich sind.

Bald darauf sind sie unterwegs.

Es ist ein Dienstag. Das ist für Brautleute in Israel ein Glückstag. Ein gutes Omen. Denn als Gott die Welt erschaffen hat, da hieß es jedesmal am Ende eines Schöpfungstages: „Und es war sehr gut!"

Aber am Dienstag hat Gott das zweimal gesagt, nicht nur einmal.

Und so ist der Dienstag ein Glückstag.

Sie gehen alle zusammen. Maria und Jesus mit den Geschenken für das Brautpaar und zum ersten Mal sind die neuen Freunde von Jesus dabei, seine Jünger. Die, die ihre Arbeit liegen gelassen haben, um mit Jesus zu gehen.

Es ist alles noch ziemlich neu für sie und sie kennen Jesus noch gar nicht so gut. Bis jetzt ahnen sie nur, dass er etwas Besonderes ist. Aber bei dieser Hochzeit werden sie es zum ersten Mal mit ihren eigenen Augen sehen, werden es miterleben.

Bei dieser Hochzeit wird Jesus nämlich sein erstes Wunder tun, zum ersten Mal wird er etwas tun, was sich die anderen nicht erklären können.

Später waren sie dabei, wie er noch viele viele Wunder getan hat.

Aber das erste, das ist doch immer etwas Besonderes. Das vergisst man nicht so schnell.

Während sie von Nazaret über die Hügel Galiläas nach Kana wandern, wissen sie das alles noch nicht.

Es ist eine große Hochzeitsfeier. Alle sitzen draußen im Hof unter den Bäumen an langen, weiß gedeckten Tischen. Blumen sind auf den Tischen und Kerzen und Weingläser und Teller und Tassen und Schüsseln mit den leckersten Sachen. Das ganze Dorf hat bei der Vorbereitung mitgeholfen. Und das ganze Dorf feiert auch mit. Ein Riesenfest.

Jesus hat sicher neben dem Brautpaar gesessen. Denn irgendwie haben immer alle gemerkt: Wenn Jesus da ist, dann ist es besonders schön!

Und dann feiern sie.

Sie lachen und erzählen von alten Zeiten und führen etwas auf und singen und zwischendurch wird gegessen und getrunken und keiner merkt, wie die Zeit vergeht.

Maria schaut das Brautpaar an. Eine Braut sieht immer so wunderschön aus und der Bräutigam strahlt vor Glück.

Auf einmal sieht sie, wie einer der Diener kommt und dem Bräutigam etwas ins Ohr flüstert. Der wird blass und sagt: „Um Himmels willen … es ist kein Wein mehr da??? … Was soll ich denn tun?! … Ich weiß doch nicht, woher ich jetzt Wein holen soll! …"

Maria denkt: „Ach, der Arme!" Sie kann sich in ihn hineinfühlen.

Sie kann sich vorstellen, wie peinlich ihm das jetzt ist.

Dann schaut sie nachdenklich Jesus an, ihren Sohn.

Sie weiß als einzige, dass Jesus nicht nur ein freundlicher junger Mann ist, der Sohn eines Zimmermanns aus Nazaret … schon seine Geburt hatte ein Engel angekündigt und noch mehr wunderbare, aussergewöhnliche Dinge waren seitdem passiert.

„Wenn jemand einen Ausweg weiß", denkt sie, „dann ist er es!"

Maria steht auf, geht zu ihm hin und sagt leise: „Sie haben keinen Wein mehr! …"

Jesus schaut sie an, als sei sie eine fremde Frau.

Er ist irgendwie mit seinen Gedanken „abwesend".

„Was möchtest du denn von mir??? Ich bin mir nicht sicher, ob das jetzt schon der richtige Augenblick ist (für ein Wunder)".
Maria sagt weiter nichts.
Sie kennt ihren Sohn.
Zu den Dienern, die herumstehen, sagt sie:
„Wenn er euch etwas sagt, dann tut es!"
Etwas verwundert schauen sie Jesus an.
Wieso sollen sie ihm gehorchen? Er ist doch ein Hochzeitsgast. Merkwürdig!

Jesus sieht sechs große Tonkrüge da stehen, Krüge, in denen das Wasser aufbewahrt wird.
Sie sind sehr groß, diese Krüge. Jeder fasst 100 Liter Wasser.
Da sagt er zu den Dienern: „Geht und füllt diese Krüge mit frischem Wasser!"
Die Diener sagen nichts, erinnern sich an Marias Worte und rennen, um Wasser zu holen, nochmal und noch einmal und noch einmal, bis alle Krüge bis zum Rand gefüllt sind.
Jesus hat ihnen zugeschaut.
Jetzt sagt er: „Schöpft etwas aus den Krügen und bringt es dem, der für das Festmahl verantwortlich ist."
Sie tun es.
Der Küchenchef wundert sich, dass ihm die Diener einen Becher mit Wasser bringen.
„Was ist damit?" ... Aber er trinkt. Einen Schluck, dann runzelt er die Stirn und schaut in den Becher hinein. Trinkt wieder, bekommt ein ganz verklärtes Gesicht und sagt dann: „Ist dies ein guter Wein! Ich kann mich nicht erinnern, wann ich einen so guten Tropfen getrunken habe! ..."
„Wo habt ihr diesen kostbaren Wein her?", fragt er, aber die Diener sind schon nicht mehr da. Sie denken, sie hätten ihm einen Becher Wasser zu trinken gegeben. Wasser, das sie selber in die Krüge gefüllt hatten, weil Jesus es gesagt hatte.

Der Küchenchef sagt leise: „Der Bräutigam soll mal schnell kommen!"

„Ja, was ist?"
„Was ist ..., was ist ...? Hier das mit dem Wein verstehe ich nicht!
Du hast hier den besten Wein, den ich je getrunken habe, viel besser als der Wein, den wir bis jetzt hatten.
Das macht man doch eigentlich umgekehrt. Zuerst serviert man den guten Wein und hinterher, wenn die Leute schon beschwipst sind, den etwas schlechteren, (dann merken es die Leute sowieso nicht mehr, dann schmeckt ihnen jeder Wein)!
Du machst es genau umgekehrt!"

Der Bräutigam wundert sich und geht der Sache nach.
„Wasser habt ihr in die Krüge gefüllt?"
„Ja."
„Warum?"
„Weil Jesus es gesagt hat."
„Und wie ist aus dem Wasser Wein geworden?"
„Wissen wir doch nicht, wir haben gar nichts davon gemerkt.
Nur als der Küchenchef getrunken hat, kam es heraus, dass es Wein ist."
„Das ist ja ein Wunder!"
„Das haben wir uns auch schon gedacht."
Und sie schauen zu Jesus und seinen Freunden hinüber.

Die Freunde von Jesus, seine Jünger, die haben alles mitbekommen.
Sie können gar nicht fassen, was sie da miterlebt haben.
Aber Jesus feiert fröhlich weiter, als sei nichts geschehen.

Nie haben die Freunde das vergessen. Immer wieder haben sie einander und anderen Menschen von diesem ersten Wunder in Kana erzählt.
Lukas hat es später aufgeschrieben.
Deshalb können wir das heute noch in der Bibel lesen.

Jesus feiert mit seinen Freunden

Didaktische Hinweise

Mit den Kindern erarbeiten, was alles zu einem Fest gehört, damit dieses Fest schön wird. Die fröhlichen Menschen, auf die die Kinder sofort kommen werden, sitzen auf dem Bild um den Tisch herum. Das, was auf dem noch leeren Tisch fehlt, wird von den Kindern ergänzt.
(Man kann auch das Bild als Folie auflegen (ich würde an Ihrer Stelle die kopierten Folien mit breiten Permanent-Farbstiften ausmalen. Man hat sie dann für immer.)
Kinder erzählen, was sie alles auf der Folie sehen. Hochzeit, einer der Gäste ist Jesus. Damit sind Sie bei der Geschichte von der Hochzeit zu Kana.
Es lohnt sich auch ein kurzes Gespräch über Marias: „Was er euch sagt, das tut."
Und nicht zuletzt die Szene mit dem Wunder kann auch gespielt werden, wobei der Küchenchef eine wichtige, mimisch interessante Rolle inne-hat.

17 Jesus heilt die Schwiegermutter des Petrus

Petrus, der Freund von Jesus, hat ein schönes Haus am Seeufer.
Das ist normal für eine Fischerfamilie.
Andreas, der Bruder von Petrus, wohnt auch in dem Haus.
Auch die Frau von Petrus.
Und die Oma.
Das ist von Petrus die Schwiegermutter.
Alle mögen die Oma, denn sie kann gut kochen.
Sie kocht jeden Tag, weil sie es so gut kann.

Petrus hat eines Tages jemand mitgebracht.
Er hat schon vorher gesagt: „Morgen bringe ich meinen Freund mit. Zum Essen. Mein Freund heißt Jesus. Er ist etwas ganz Besonderes. Ich habe noch nie so einen Freund gehabt.
Er heißt Jesus. Er ist aus Nazaret."
„Ist er auch ein Fischer?", hat die Oma gefragt, aber Petrus hat gelacht.
„Nein, er ist Zimmermann oder besser, er *war* Zimmermann.
Jetzt ist er auch ein Fischer. Er ist ein Menschenfischer."
„Hahaha", hat die Oma gelacht. „Da muss er aber eine große Angel haben oder ein großes Netz."
Petrus hat auch gelacht und gesagt: „Das ist anders gemeint, Oma! Jesus wandert herum und sucht sich Freunde. Er will die Menschen einfangen und sie zu Gott hinführen. Er will sie mit seiner Liebe einfangen. Mich hat er auch schon eingefangen.

Er hat zu mir gesagt: Willst du mit mir gehen? Willst du mein Freund sein für immer?, und da musste ich gar nicht überlegen, seitdem gehe ich mit ihm, wohin er will."
„Überall gehst du mit ihm hin?"
„Ja, überall."
„Das muss ja ein toller Mensch sein, dein Freund Jesus."
„Ist er auch. Er ist der tollste Mensch, den es je gegeben hat. Und morgen kommt er!"
„Da muss ich ja was Schönes kochen!"
„Genau, das sag ich doch."
Und die Oma kocht und holt das schöne weiße Tischtuch.
Sie stellt das schönste Geschirr auf und Blumen stellt sie auf den Tisch und als Jesus da ist, gefällt es ihm ganz gut und als die Oma mit dem Braten hereinkommt, da sagen alle: „O, das riecht aber gut!"
Natürlich strahlt die Oma vor Freude und Zufriedenheit.
Sie muss zugeben, Jesus ist wirklich etwas Besonderes. Sie mag ihn auch gut leiden.
„Komm doch öfter zu Besuch!", sagt sie zu Jesus.
„Das mach ich!"
„Ich koch auch immer dein Lieblingsessen!"
„Ich freue mich!"

Und Jesus kommt oft. Jedes Wochenende fast. Manchmal kommen sie auch mitten in der Woche, wenn Jesus müde ist vom vielen Predigen und Heilen. Längst haben sie Jesus im Haus des Petrus ein schönes Zimmer eingerichtet. Da kann er immer schlafen, wenn er da ist.

Jesus freut sich schon immer, wenn er nach Kfar Nachum kommt.
„Das ist schon richtig ‚meine Stadt' geworden", sagt er.
Oft ist er da.
Die Kranken und Blinden und Lahmen und Traurigen und Taubstummen wissen das schon und erzählen es allen weiter und so ist um das Haus des Petrus herum meist ein Riesengewühl.
Heute sind sie wieder gekommen, Jesus und seine zwölf Freunde. Sie freuen sich schon auf das leckere Essen, das die Oma gekocht hat.
Aber, im Haus ist, als sie hereinkommen, irgendwas anders als sonst.
Keine Oma ist an der Tür.
In der Küche riecht es nicht nach Braten.
„Wo ist die Oma?", fragt Jesus sofort.
„Ach", sagen die anderen Hausbewohner, „die ist krank.
Die liegt oben in ihrem Zimmer."
„Was hat sie denn?"
„Wissen wir nicht, sie hat hohes Fieber."
„Ich gehe rauf", sagt Jesus ganz mitleidig.
Die anderen nicken mit dem Kopf.
„Da wird die Oma sich freuen, wenn Jesus sie besucht."
Das stimmt auch.
Voller Freude sieht sie Jesus in ihr Zimmer kommen.
Er gibt ihr die Hand.

Da ist es, als ob eine neue Kraft sie durchströmte.
„Steh auf!", sagt Jesus und lächelt sie an.
Einfach so.
Die Oma steht auf, einfach so, und sie ist so gesund und munter, als wäre sie ein junges Mädchen.

Den anderen fallen fast die Augen aus dem Kopf, als sie den Krach hören, wie die Oma flink wie ein Wiesel die Treppen herunterläuft und als sie sehen, wie sie fröhlich lacht.
Sie geht sofort in die Küche, man hört Töpfe und Pfannen klappern und bald riecht es im ganzen Haus nach leckerem Braten, wie immer.
Jesus kann sich mit seinen Freunden noch ein Stündchen ins Wohnzimmer setzen. Vielleicht haben sie ja auch beim Tischdecken geholfen.

Didaktische Hinweise

Diese Geschichte kann man mehrmals hintereinander spielen, da hauptsächlich die beiden Akteure Jesus und Großmutter auftreten.
Ein paar Apostel sind schnell gefunden.
Wenn die Kinder aufmerksam zuhören, können sie sofort anschließend spielen.
Für das Malen bekommen sie diesmal keine Vorlage.
Jeder malt (zu Hause wird das Gemälde immer fertig gestellt und in der darauf folgenden Stunde gibt es eine Note o. ä.) eine Großmutter im Bett, der Jesus die Hand reicht.

18 Die Heilung des Besessenen

Ein junger Mann wohnte in Gerasa.
Der war zuerst ganz normal.
Dann, eines Morgens, benahm er sich anders als sonst.
Seine Familie wusste nicht, was in ihn gefahren war.
Er weinte und schrie und wollte nicht mehr zur Arbeit gehen.
Mit einem Stein schlug er sich blutige Wunden in Arme und Beine.
Dann nahm er einen Stock und schlug sich damit, bis das Blut floss.
Nicht nur sich selbst tat er etwas an, er war auch für die Nachbarn und für die ganze Familie gefährlich. Er schlug sie und brachte sogar Tiere um, die ihm nichts getan hatten.
Da entschlossen sie sich: „Wir müssen ihn fesseln, damit er niemand etwas tun kann."
Sie schnappten sich den jungen Mann, packten ihn und banden ihm mit Seilen die Hände und Füße zusammen.
Über Nacht gelang es ihm sich zu befreien.
Am anderen Morgen hatte das ganze Dorf Angst vor ihm.
Einige starke Männer stürzten sich auf ihn und fesselten ihn mit Ketten aus Eisen. Er sprengte die Ketten.
Alle sagten: „Der Kerl ist von bösen Geistern besessen!"
Der junge Kranke hörte das. Und weil sie das alle sagten, hat er es am Ende auch selber geglaubt. Denn das ist immer so. Wenn andere von jemand sagen: „Der ist schlecht! Der ist schlecht!", dann kann es passieren, dass er auch wirklich schlecht wird.
Und wenn man von einem Kind sagt: „Du bist dumm!", dann glaubt das Kind das vielleicht und gibt sich gar keine Mühe mehr und wird wirklich dumm.

Die Leute im Dorf konnten den „Verrückten" nicht leiden.
Sie wollten ihn nicht mehr bei sich haben.
„Geh weg!", schrien sie ihn an.
Auch seine Mutter und sein Vater wollten ihn nicht mehr zu Hause haben. Das war am Schlimmsten.

Sie brachten ihn aus dem Dorf hinaus zu den Höhlen, wo früher einmal Gräber waren.
Dort musste er jetzt hausen.
Der Kranke war ganz durcheinander und traurig und verzweifelt.
Man hörte ihn oft bis ins Dorf hinunter weinen und schreien.
Wer ihn am Tag zu sehen bekam, bekam einen Schrecken, denn er sah wild und schmutzig aus und hatte blutende Wunden an den Armen und im Gesicht.
Er ging nicht mehr ins Dorf. Da hätten sie ihn totgeschlagen.
Sie hatten einfach Angst vor ihm und dachten: „Wer weiß, zu was der noch fähig ist!"

Eines Tages kam Jesus in die Gegend.
Der Kranke hatte ihn von seiner Höhle aus kommen sehen. Er schien zu spüren, dass hier jemand kam, der ihm helfen konnte, jemand, der keine Angst vor ihm hatte, jemand, der ihn nicht wegjagen würde.
Laut weinend und schreiend rannte er den ganzen Berg hinunter, bis zu Jesus hin. Alle, die bei Jesus waren, bekamen Angst. Auch die Apostel. Nur Jesus nicht. Er hatte keine Angst.
Ruhig blieb er stehen und schaute den armen jungen Mann freundlich an.
Da wurde das Schreien etwas leiser und hörte schließlich ganz auf. Der junge Mann wurde ruhig. Ein bisschen unsicher lächelte er Jesus an. „Kannst du nicht machen, dass ich wieder normal bin, dass alles wieder gut wird, dass mich die bösen Geister verlassen??? – Sie sagen nämlich alle, dass ich von bösen Geistern besessen bin."
„Ja", sagte Jesus, „sie sollen dich verlassen, diese bösen Geister!"
Und im gleichen Augenblick war der junge Mann geheilt.

Er sah aber immer noch schlimm aus. Schmutzig, mit zerfetzten Lumpen, wie man eben aussieht, wenn man in einer dunklen Höhle leben muss.
„Geh und wasch dich!", hat Jesus sicher zu

ihm gesagt, „man kann ja vor lauter Dreck dein Gesicht nicht mehr erkennen."

Und die Freunde von Jesus haben ihm vielleicht ein sauberes Gewand gegeben und dann haben sich alle hingesetzt und gegessen. Brot und Käse und Olivenöl und frische Bananen, vielleicht sogar noch gebratenen Fisch.

Nach einiger Zeit kamen Leute aus dem Dorf, in dem der junge Mann wohnte. Sie sahen, dass er bei Jesus saß.

„Ach, du Schreck, der Verrückte ist wieder da! Bloß Abstand halten!"

„Genau, sicher ist sicher!"

Aber dann merkten sie, dass er nicht schrie und tobte, sondern ganz still dasaß. Da kamen sie doch näher und stellten fest, dass er gar nicht wiederzuerkennen war. Sauber gewaschen und gekämmt saß er da, mit einem ordentlichen Gewand bekleidet und er war wieder ganz so wie früher, bevor er krank wurde und durchdrehte.

Das war ihnen richtig unheimlich.

Statt sich zu freuen, bekamen sie Angst.

„Das ist doch nicht mit rechten Dingen zugegangen!!!"

„Wer ist denn das, dieser Jesus?! Der ist ja ganz anders als wir!"

„Es wäre schön, Jesus, wenn du weiterziehen würdest! Wir wünschen dir eine gute Reise!", sagten sie.

Jesus stand auf. „Ich gehe schon."

Und zu seinen Freunden: „Lasst uns mit dem Schiff über den See fahren."

Die Freunde liefen zum Ufer, um ein Schiff zu holen.

„Bitte, nimm mich mit!", sagte der, der so krank gewesen war.

„Nein", sagte Jesus, „du musst wieder nach Hause gehen, zu deiner Familie. Zeig ihnen, dass du wieder ganz gesund bist. Sie werden sehr froh sein. Besonders deine Mutter und dein Vater."

Und so ging der junge Mann in sein Dorf zurück
und seine Eltern waren überglücklich.

„Wer hat dich gesund gemacht, Junge?"

„Das war Jesus!"

„Wer?"

„Jesus! Das ist der Einzige, der sowas kann! Der ist stärker als alle Krankheiten und alle bösen Geister."

„Und wie hat er das gemacht?"

„Setzt euch, ich erzähl euch alles."

„Ja, erzähl! Aber von Anfang an!"

Und er erzählte ihnen alles.

Dann wollten die Nachbarn und Freunde die Geschichte hören und er erzählte jedem, was ihm passiert war.

Er war sehr glücklich.

Didaktische Hinweise

Nach dieser Geschichte wird nicht gespielt. Die Vertiefung erfolgt im Unterrichtsgespräch. Beim Malen müssen die Kinder der 1. und 2. Klassen die untere Hälfte malen: der fröhliche junge Mann an der Hand von Jesus. Die Mittelstufenschüler malen das ganze Bild ab. Auf diese Weise können sie sich in die Verzweiflung, die Angst und die Ketten einfühlen.

Bei allen Zeichnungen der Kinder kommt es nicht auf Schönheit an (es ist kein Zeichenunterricht!), man muss immer nur erkennen, um was es geht. Die Texte in den Sprechblasen dürfen in den 3. und 4. Klassen nicht weggelassen werden. Das Bild soll auf einen Blick den wesentlichen Inhalt der ganzen Geschichte aufzeigen.

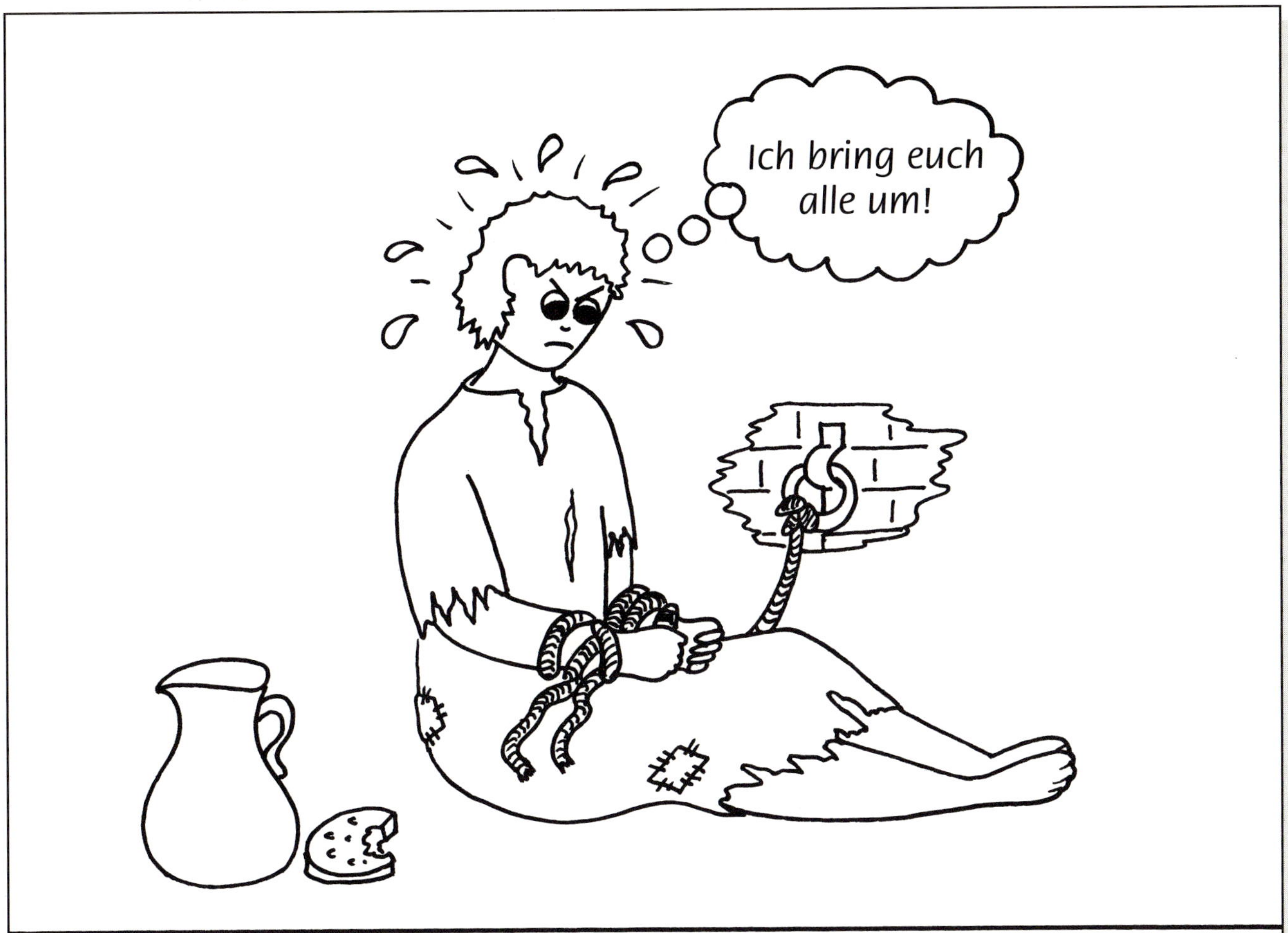

19 Jesus heilt den blinden Bartimäus

Blind zu sein, das ist ganz, ganz schlimm.
Da sieht man keine Bäume und Sträucher, keine Wiesen und Blumen, keine Vögel am Himmel und keinen Goldfisch im Wasser und die Sonne sieht man auch nicht.
Wenn man ein Kind ist, dann kann man nicht einmal sehen, wie die Mama aussieht, man kann sein Bett nicht sehen und nicht die Spielsachen, nicht mal einen kleinen Bären aus Plüsch.
Überall stößt man sich an, es tut weh und dann wird man ängstlich.

Das war auch schon so, als Jesus damals auf der Erde lebte.
In Jericho zum Beispiel, da lebte ein Blinder.
Der hieß Bartimäus, Sohn von Timäus.
Er konnte nicht sehen, also war er nicht in der Schule gewesen.
Weil er nicht in der Schule gewesen war, konnte er auch nichts arbeiten.
Seine Eltern lebten nicht mehr. Er musste also für sich selber sorgen.
Was konnte er anderes tun als betteln! –

Ein paar Freunde brachten ihn jeden Morgen vor das Stadttor, weil da viele Leute vorbeikamen, die alle in die Stadt wollten.
Und dann waren da noch die Leute, die aus der Stadt kamen, die eingekauft hatten.
Alle mussten sie an dem Blinden vorbei.
Er hatte einen Stock, an dem er sich festhielt, sonst besaß er nichts als sein altes geflicktes Gewand. Und einen alten Mantel. Der wärmte ihn, wenn es kalt war.

„Ich bin blind…", sagte er, wenn die Leute vorüberkamen, „ich bitte um eine milde Gabe!"
„Ich bin blind, ich bitte um eine milde Gabe! Ich bin blind, bitte, schenken Sie mir etwas!…"
Den ganzen Tag sagte er das Gleiche.
Manchmal bekam er was, dann konnte jemand für ihn Brot kaufen, und er musste nicht verhungern. –

Blinde können gut hören.
Weil sie nicht sehen können, hören sie besser als andere Menschen.
Er hatte alles gehört, was die Leute so von Jesus erzählten.
Er dachte: „Ach, wenn Jesus doch einmal hier bei mir vorbeikäme, vielleicht könnte er machen, dass ich wieder sehen kann! …
Der Jesus kann doch so was,
der kann Sachen machen, die kein anderer Mensch auf der Erde machen kann. Jesus ist doch von Gott geschickt."

Und dann kam dieser Tag, den der Blinde nie in seinem Leben vergaß.
Zuerst war da nur die Unruhe unter den Leuten.
Alle redeten durcheinander und waren aufgeregt.
Niemand wollte dem Blinden etwas geben.
Sie hörten überhaupt nicht hin, wenn er sagte: „Ich bin blind, ich bitte um eine milde Gabe…"
Sie stellten sich an der Straße auf, viele, viele Leute.
Und sie riefen durcheinander: „Da hinten kommt er! – Jesus kommt zu uns nach Jericho! – Seine Freunde sind bei ihm… Sogar ein Esel läuft mit… Mann, hat Jesus viele Leute bei sich… Ob er heute wohl ein Wunder tut?… Vielleicht sagt er uns was Tolles!…"
Der Blinde überlegte: „Wenn er vorbeikommt, dann rufe ich ihn. Dann schreie ich ganz laut, damit er mich hört… Dann schreie ich so laut und so lange, bis er mich hört… Ich höre nicht auf mit Schreien, bis er mich hört…"
Und als Jesus näher kam und die Leute auf der Straße sagten: „Ja, das ist er, das ist Jesus!", da nahm der blinde Bartimäus seinen ganzen Mut zusammen und fing an, laut zu schreien:
„Hilfe!!!"
„Jesus, hilf mir, hab Erbarmen mit mir!"
„Jesus, du Sohn Davids, erbarm dich meiner!"
„Hilfe, Jesus, hilf mir!"

„Jetzt halt endlich deinen Mund!", riefen die Leute wütend,

„man versteht ja sein eigenes Wort nicht mehr."

„Jesus, Hilfe!", schrie der Blinde.

„Du sollst ruhig sein!!!"

Jesus blieb stehen. Da blieben seine Begleiter natürlich auch stehen.

Gerade schrie der Blinde wieder.

„Holt ihn her", sagte Jesus.

Sie gingen zu dem Blinden hin und holten ihn.

„Da hast du aber Glück gehabt. Du sollst zu Jesus kommen!"

„Was?"

Der Blinde warf mit einer einzigen Handbewegung seinen Mantel weg, so dass der durch die Luft flog.

So aufgeregt war er. Jetzt war ihm alles gleich.

Die anderen brachten ihn zu Jesus.

„Hier!, hier ist er!"

Der Blinde stand vor Jesus.

„Was möchtest du von mir?"

Der blinde Bartimäus zeigte auf seine Augen und sagte:

„Ich möchte sooo gerne sehen können."

Da sagte Jesus: „Du sollst sehen können. Dein Glaube hat dir geholfen."

Im gleichen Augenblick konnte der Blinde das Licht der Sonne sehen, die Menschen um ihn herum und er sah das freundliche Gesicht von Jesus, der ihm das Augenlicht wiedergegeben hatte.

Vor Freude sprang der Mann in die Luft und schrie:

„Halleluja! Gott im Himmel sei Dank!" (Und Halleluja heißt ja auch: „Gelobt sei Gott.").

Zusammen mit Jesus ging er weg.

Er lachte über das ganze Gesicht. Jesus auch.

Didaktische Hinweise

Diese Geschichte kann man spielen und auch selber malen. Beim Spielen ist die ganze Klasse beteiligt, da sie „am Straßenrand" steht, wenn Jesus mit seinen Freunden kommt und der blinde Bartimäus aus dem „Hintergrund" laut schreien muss.

Beim Selbermalen können auch die Kleinsten es schaffen, einen blinden Mann, einen freundlichen Jesus und ein Stück Stadtmauer aufs Papier (ins Heft) zu bringen. Sonne und der Name sind auch zu schaffen.

Bartimäus

20 Für Gott ist der Tod nur ein Schlaf – Die Tochter des Jaïrus wird ins Leben zurückgerufen

Wir sind wieder in Kfar Nachum am See Gennesaret, da, wo Petrus sein Haus hat,
und wo Jesus so gerne ist, weil er den See liebt und die Palmen am Ufer, die Wiesen und die vielen Blumen.

Ein riesiges Gedränge herrscht heute in der kleinen Stadt.
Alle sind auf den Beinen und unterwegs zu Jesus.
Die Leute schieben und schubsen sich und man kommt kaum voran.
Ein Mann rennt und versucht so schnell es geht durch die Menschenmenge zu kommen.
Er ist blass. Schweißtropfen stehen auf seiner Stirn. Man merkt, dass er furchtbar aufgeregt ist.
Jaïrus heisst er.
Er wohnt hier. Die Leute kennen ihn.
Einer fragt ihn: „Was ist los, Jaïrus? Warum rennst du so?
Ist was passiert?"
Jaïrus nickt mit dem Kopf.
„Ja, was Schlimmes ist passiert.
Mein Kind ist schwerkrank, meine kleine Tochter! Wir können ihr nicht helfen und sie hat ganz hohes Fieber!
Hoffentlich übersteht sie es!!!
Ich muss ganz schnell zu Jesus! …"
Und dabei läuft er schon wieder weiter,
denn irgendwo, da oben am Hügel, hat man ihm gesagt, ist Jesus mit seinen Freunden.
„Jesus ist der Einzige, der mein kleines Mädchen gesund machen kann. …der Einzige!"
Und er läuft weiter.
„Hoffentlich bin ich schnell genug!", denkt er, „hoffentlich ist Jesus auch wirklich da! Es eilt doch so! …"
Und er läuft und läuft.

Jaïrus ist ein frommer Mann. Er ist ein frommer Jude.

Er hält selber Gottesdienste ab.
Er kann gut predigen und singen und beten.
Die Leute in der Stadt mögen ihn gerne. Ihn und seine Frau und seine kleine Tochter.
Jaïrus findet Jesus wirklich. Ein Stein fällt ihm vom Herzen.
Aber Jesus ist beschäftigt. Er ist mit anderen Menschen beschäftigt, spricht mit seinen Freunden.
Alle wollen was von ihm wissen. Alle von ihm geheilt werden, alle wollen gesegnet werden.

Jaïrus ruft schon von weitem.
„Jesus", ruft er, „Jesus, komm ganz schnell zu mir nach Hause!
Mein Kind ist so krank! Komm ganz schnell, sonst stirbt es vielleicht noch!"
Jesus schaut ihn an.
Alle schauen ihn an, weil sie ihn kennen.
„Ja, ich komme", sagt Jesus und er steht auf geht hinter Jaïrus her. Jaïrus rennt gleich wieder los. Aber Jesus läuft nicht mit ihm. Er geht ganz normal die Straße hinunter. Denn dauernd wollen andere Leute auch noch etwas von ihm, wollen ihn wenigstens anfassen, wollen am liebsten geheilt werden, wollen wenigstens, dass er sie anschaut.
Jaïrus ist ganz ungeduldig. „Jesus geht doch viel zu langsam!"
Der Vater ist nervös und aufgeregt.
Ist doch klar, wenn die einzige Tochter sterbenskrank ist …
„Warum macht Jesus nur so langsam!?!", denkt er, aber er traut sich nicht, das zu sagen.

Schließlich kommen doch alle in der Nähe von Jaïrus' Haus an.
Da sieht er, wie zwei Männer mit ganz ernsten Gesichtern aus seiner Haustür kommen.
„Um Himmels willen…"
Die Männer schauen sich um und gehen ganz schnell auf Jaïrus zu.

Als sie bei ihm ankommen, senken sie den Kopf. Es fällt ihnen schwer zu sprechen.

„Jaïrus ... es ist nicht mehr nötig, dass Jesus kommt ... er könnte deinem Kind doch nicht mehr helfen ... Deine Tochter ist ... Deine Tochter ist tot! ...“

Jaïrus wird noch blasser und lässt seine Arme sinken.

Er schaut Jesus an.

„Wenn du schneller gegangen wärst, würde mein Kind noch leben!“

Jaïrus ist traurig und von Jesus enttäuscht.

Der legt Jaïrus die Hand auf die Schulter.

„Hab jetzt keine Angst“, sagt er zu ihm, „fürchte dich nicht, glaube nur!“

Jaïrus weiß auch nicht, an was er jetzt noch glauben soll.

Jetzt, wo doch für sein Kind jede Hilfe zu spät kommt ...

Jesus geht neben ihm her.

Als sie am Haus ankommen, hört man schon von draußen, wie die Leute weinen und klagen.

Sie weinen, weil das Mädchen gestorben ist.

Jesus überlegt einen Augenblick.

Dann lässt er alle Freunde zurück und nimmt nur drei mit, Petrus, Jakobus und Johannes.

Zusammen mit ihnen und mit Jaïrus geht er in das Haus.

„Weint nicht so!“, sagt er zu den Leuten, „das Mädchen ist nicht tot. Es schläft nur!“

Die Menschen starren Jesus an.

„Was soll das!

Können sie etwa nicht unterscheiden, ob ein Mensch tot ist oder schläft?“

Einige denken vielleicht darüber nach, dass für Gott der Tod wie ein Schlaf ist, aber die meisten halten Jesus für einen Spinner. Einige lachen ihn sogar aus.

Da sagt Jesus: „Bitte, verlasst den Raum! Nur die Eltern sollen hier bei dem Kind bleiben.“

Sie gehen alle hinaus.

„Was hat er denn vor?“

Zusammen mit den Eltern und seinen drei Freunden ist Jesus jetzt in dem Zimmer, in dem das Mädchen blass und mit geschlossenen Augen da liegt.

Er schaut das Mädchen an.

Er geht zu ihm hin.

Er fasst seine Hand.

Ganz liebevoll.

„Jaldati“, sagt er, „mein Mädchen“, „kumi“, „steh auf!“

Ganz einfach: „Mädchen ... steh auf!“, so als wollte er es vom Schlaf aufwecken.

Und das Mädchen macht die Augen auf ... die Eltern können gar nicht fassen, was sie sehen ... ihr Kind erhebt sich, steht vor dem Bett.

... Eben war sie doch noch tot! ...

... Jetzt steht sie da! ... Das gibt es doch gar nicht! ...

Das Mädchen geht ein paar Schritte, sie geht noch etwas unsicher.

Kein Wunder! Schließlich ist sie lange krank gewesen ...

Die Eltern stehen immer noch starr da.

Auch die Apostel trauen ihren Augen nicht.

„Hoffentlich ist das kein böser Traum!“, denken sicher die Eltern.

Jesus nimmt das Mädchen an der Hand und führt es zu den Eltern.

„Gebt ihr was Gutes zu essen!“, sagt er.

Da ist die Geschichte in der Bibel zu Ende. Das, was wir uns selber denken können, ist nicht extra aufgeschrieben worden. Bestimmt ist die Mama in die Küche gerannt und hat das Lieblingsessen für ihr Kind gekocht und dann haben sie mit allen Verwandten und Freunden ein richtiges „Von-den-Toten-Auferstehungsfest“ gefeiert.

Und Jaïrus
und die Freunde von Jesus,
die haben zum ersten Mal geahnt, dass „tot sein“ für Gott etwas Anderes ist als für uns.

„Dass ein Mensch, der tot ist, für Gott nur schläft. ... so lange, bis er ihn auferweckt.“

Und an Jesus haben sie gesehen, dass Gott wirklich und wahrhaftig stärker ist als alles auf der Welt, sogar stärker als der Tod.

Wir wissen das jetzt auch.

Didaktische Hinweise

Die Kinder der 3. und 4. Klasse können spielen und die untere Bildhälfte selber malen, die 1. und 2. Klasse malt aus und spielt vielleicht eine kurze Szene: Mädchen im Bett, Jesus sagt: „Steh auf, mein Mädchen!“ Das Kind wird von den Eltern, die vorher geweint haben, umarmt. Spiel wiederholen.

Jaïrus

21 Der mondsüchtige Junge wird geheilt

Ein Vater hatte einen Jungen. Die beiden lebten in einer kleinen Stadt in Galiläa, nicht sehr weit von Nazaret entfernt.
Der Vater hatte seinen Jungen sehr lieb.

Eines Tages wurde der Junge krank.
Zuerst merkte man gar nichts. Er fiel nur dauernd hin.
Er wusste nicht mehr, wohin er ging.
Wenn er in die Nähe des Feuers kam, fiel er hinein.
Er verbrannte sich. Er weinte. Er schrie: „Au! Hilfe, Vater!"
Der Vater kam gelaufen, aber da hatte der Junge schon überall Wunden. Der Vater verband sie und tröstete sein Kind.
„Sei vorsichtig!", sagte jetzt der Vater zu ihm, „bleib lieber hier im Haus, damit du nicht noch einmal ins Feuer fällst."
Aber dem Jungen war es langweilig.
„Früher konnte ich doch auch richtig laufen!", dachte er, „dann muss ich das doch jetzt auch können."
Aber das stimmte nicht.
Der Junge ging hinaus auf die Wiese, die er so gern hatte, bis an den Rand des Teiches. Und wie er so über das Wasser schaute, da wurde er wieder schwindelig.
Er fiel ins Wasser und konnte sich nicht retten.
Jemand hatte ihn gesehen und rief laut um Hilfe.
Halb bewusstlos zogen sie den Jungen heraus.
Der Vater hatte Tränen in den Augen, als er ihn sah.
Es wurde immer schlimmer.
Nachts stand der Junge auf, wenn alle schliefen, und er ging hinaus.
Er war mondsüchtig, steht in der Bibel. Er stolperte über eine kleine Mauer, schlug sich die Knie auf, fiel wieder ins Feuer. Über und über war er schon mit Wunden bedeckt.
„Warum bin ich jetzt so", fragte er seinen Vater.
Der Vater wusste es nicht.
Aber er suchte einen Arzt. Der gab ihm Salben und Kräuter.

Es half nichts.
Sie gingen zu einem anderen Arzt. Der gab ihm andere Salben und Kräuter. Es half nichts.
Sie gingen zu einem dritten Arzt. Der sagte: „Dem Jungen kann nichts mehr helfen. Es tut mir leid, dass ich Ihnen das sagen muss."
Ganz langsam und ganz traurig gingen die beiden in ihr Dorf zurück.
Ach eigentlich gingen sie ja nicht beide. Der Vater ging. Seinen Jungen musste er tragen, weil er schon zu schwach war zum Laufen.

Eines Tages hörten sie von Jesus. Der könnte Wunder tun, hörten sie. Der könnte Menschen gesund machen, hörten sie.
„Da geh ich hin", sagte der Vater, „vielleicht hilft ER uns!"
Aber der Junge schaute nur traurig. Er war ganz schwach. Er glaubte nicht, dass er wieder gesund werden könnte.
Meistens schlief er.

Der Vater machte sich auf den Weg zu Jesus.
Er fand ihn. Zusammen mit seinen Freunden, den Aposteln.
Jesus predigte gerade. Es schien so spannend zu sein, was er erzählte, dass alle ihn anschauten und wenn er eine Pause machte, sagten die Leute: „Erzähl weiter!"
„Ob ich diesen frommen Mann stören kann mit meinen Sorgen?", überlegte der Vater traurig,
da, in diesem Augenblick schaute Jesus ihn an.
„Was möchtest du?"
„Iiich … hmm … ich möchte … ich will … ach … mein Junge ist so sterbenskrank. Wenn du mit mir vielleicht nach Hause kämst, dann könntest du ihm helfen, habe ich gedacht, ihn vielleicht gesund machen, ihn heilen …?!?
Jesus sagte ein wenig traurig: „Immer soll ich Wunder tun. Dann glaubt ihr an mich … Es wäre so schön, wenn ihr auch an mich glauben würdet, wenn ich keine Wunder vollbringen würde …"

Aber der Vater sagte noch einmal: „Komm, mach mein Kind gesund!"

Jesus schaute den Vater wieder an.
Er schaute ihm in die Augen.
E schaute ihm mitten ins Herz.
Er sah, dass der Vater an ihn glaubte.
„Geh nach Hause", sagte er, „dein Kind ist geheilt."
Einfach so.
„Geh nach Hause! Dein Kind ist geheilt!"

Da drehte sich der Vater um und machte sich auf den Heimweg zu seinem Jungen. Kurz bevor er zu Hause ankam, rannten ihm Leute entgegen, Nachbarn, Freunde, Verwandte.
„Alles in Ordnung!", riefen sie von weitem, „alles wieder in Ordnung! Dein Junge ist geheilt! Ein Wunder!"
„Was ist los?"
„Dein Junge ist plötzlich aufgestanden und er kann wieder ganz normal laufen. Er fällt nicht mehr hin. Er fällt nicht ins Feuer und er fällt nicht ins Wasser. Er ist wirklich gesund!!!"
Da hatte der Vater Freudentränen in den Augen.

Und als er bei seinem Jungen angekommen war und ihn im Arm hielt, fragte er die Leute: „Sagt mal, wann genau ist der Junge gesund geworden?" Und als sie ihm die Zeit sagten, ging ihm ein Licht auf.

„Mein Junge ist gesund geworden gerade in dem Augenblick, als Jesus zu mir gesagt hat: Geh nach Hause, dein Kind ist geheilt."
Er war sehr glücklich.

„Schau mal, Papa!", rief der Junge.
Er rannte über den Hof und durch die Wiese und kletterte schnell wie ein Eichhörnchen auf den höchsten Baum.

„Danke, Jesus", sagte der Vater.
Das sagte er so leise, dass niemand sonst es hörte.
Gott hörte es.
Und die Engel im Himmel freuten sich.

Didaktische Hinweise

Die Kinder spielen diese Geschichte *sehr* gern. Ein Handtuch ist der See, in den der Junge fällt, eine rote Jacke das Feuer.
Der Höhepunkt ist der Augenblick, wo der geheilte Junge auf einen „Baum klettert" (über einen Stuhl auf den Tisch).
Ob gemalt oder nur ausgemalt wird, hängt davon ab, wie ausführlich gespielt wurde.
Als Alternative oder in der nächsten Stunde als Wiederholung finden Sie auf Seite 69 die „Sprechmotette".
Die Klasse wird in zwei Hälften geteilt, von denen je eine den Satz sagt, den sie eingeübt hat.
Das Sprechen im Chor macht Spaß und vertieft den Inhalt durch die vielen Wiederholungen. Die Lehrerin/der Lehrer liest den Text.

22 Geh nach Hause! (I)
Dein Kind ist geheilt! (II)

Sprechmotette: Der kranke Junge wird geheilt

Ein Vater war sehr traurig, dass sein Junge krank war.
Kein Arzt konnte ihm helfen.
Was sollte er tun?!?

Da fiel ihm Jesus ein.
Jesus konnte mehr als andere.
Jesus hatte Macht von Gott.
Und der Vater beschloss: „Ich geh zu Jesus hin."

Als er bei Jesus ankam, sagte er: „Mein Junge ist krank,
kannst du nicht kommen und ihn gesund machen?"
Jesus predigte gerade. Er seufzte.
„Dauernd wollt ihr, dass ich Wunder tue.
Ich will euch doch von Gott erzählen!"

Aber der Vater gab nicht auf.
„Komm", sagte der Mann, „komm zu mir und mach meinen Jungen gesund!"
Dabei stand er genau vor Jesus.
Er schaute Jesus an.
Jesus schaute ihn an.
Jesus schaute in sein Herz.
Er kann das. –
Er sah, wie lieb der Mann seinen Jungen hatte.
Er sah, was für einen starken Glauben dieser Vater hatte.
Und so sagte er:

I

„Was hast du eben gesagt, Jesus?"

I

„*Du* sollst doch mitkommen.
Deswegen bin ich doch hier.
Und dann sagst du solche Sachen wie …

I

„Soll ich nicht vielleicht lieber zu einem Arzt gehen?"

I

„Oder zu einem Priester in den Tempel?"

I

„Zu Hause, zu Hause ist doch mein kranker Junge! Der braucht dich!"

I

II

„Was hast du eben gesagt, Jesus?"

II

„Aber das stimmt doch nicht.
Ich weiß doch genau, dass er krank ist."

II

„Du bist doch gar nicht mit mir gekommen."

II

„Aber du warst doch gar nicht bei ihm,
du hast ihn nicht mal gesehen!"

II

„Jetzt fang ich an, das zu glauben.
Sag mir noch einmal: Ist das wirklich wahr?"

II

Da endlich glaubte der Mann und er ging nach Hause zurück.

Unterwegs überlegte er, dass Jesus ja nur zwei Sätze zu ihm gesagt hatte …

I

II

„Wenn das wirklich wahr wäre!"

Da rannten ihm die Nachbarn entgegen.
„Dein Junge ist gesund!", schrien sie,
dein Junge ist gesund!"
„Waaaas????"

69

„Ja, es stimmt", sagte eine Nachbarin:

II

Und dann sah der Vater seinen Jungen, der wieder ganz gesund war.
Er freute sich sehr und nahm seinen Jungen ganz ganz fest in den Arm.

„Hört mal", sagte der Vater zu den Freunden und Nachbarn. „Wann genau ist der Junge gesund geworden?"
„Das war so ... mittags, genau 1.00 Uhr."

„Mensch", sagte der Vater, Jesus braucht nicht mal da zu sein, es reicht, wenn er etwas sagt.
Mein Junge ist gesund geworden genau in *dem* Augenblick, als Jesus gesagt hat:

I

II

Und dann ist der Junge vor Freude auf einen Baum geklettert.

23 Wenn Jesus bei den Menschen ist, werden die Hungrigen satt (Speisung der Fünftausend)

Schon am frühen Morgen waren viele, viele Menschen am See.
Sie wollten sehen, wie Jesus die Kranken heilt.
Sie wollten hören, wie Jesus predigt.
Von überall her waren sie gekommen. Männer, Frauen und Kinder. Alte und Junge. Große und Kleine. Kranke und Gesunde.
Alle waren da.
Jesus sprach mit ihnen, segnete sie, sagte ihnen, wie sie wieder gesund werden könnten. Es war ein Riesenauflauf und Gedränge.
Es dauerte Stunden um Stunden. So viele Menschen!
Jesus wurde müde.
„Ich muss mich ein bisschen ausruhen", sagte er zu seinen Freunden.
„Du hast recht! Wir nehmen ein Boot und fahren ans andere Ufer."
Gesagt, getan.
Jesus sagte den Leuten: „Ich bin jetzt ziemlich müde. Ich muss mich etwas ausruhen. Ich fahre ans andere Ufer des Sees.
Bitte, kommt morgen wieder. Dann bin ich wieder für euch da."
Die vielen Menschen konnten verstehen, dass Jesus müde war.
Sie standen da, sahen, wie Jesus abfuhr, aber dann überlegten sie es sich doch anders.

„Wir laufen um den See herum!", sagten sie zueinander, „wir laufen einfach um den See herum. Dann können wir sehen, was Jesus drüben macht. Dann können wir wenigstens noch ein bisschen bei ihm sein."

Sie hatten gemerkt, dass es schön ist, wenn Jesus da ist.
Dass man dann alle Sorgen vergessen kann.
Sie rannten los.
Jesus war natürlich mit seinem Boot schneller da, aber bald kamen die Leute. Die Schnellsten zuerst. Dann die anderen. Bis wieder ein paar Tausend auf der Wiese saßen und lagen und standen.
Jesus schaute sie an und dachte: „Die Menschen brauchen mich.
Ohne mich sind sie wie Schafe, die keinen Hirten haben."
Und es dauerte nicht lange, da predigte er wieder und heilte Kranke.
Die Zeit verging so schnell, sie merkten es gar nicht.
Erst als die Sonne fast unterging, stellten sie fest, wie spät es war.
Da merkten sie auch, dass sie Hunger hatten.
Einer sagte: „Ich habe solchen Hunger, ich könnte ein ganzes Brot allein essen!" Andere nickten und sprachen vom „Brot-Einkaufen"

und sagten: „Die Läden sind doch schon zu" und „Wir haben die Zeit verpasst." Die Apostel merkten es. Sie gingen zu Jesus.

„Herr, sie haben Hunger!
Zum Einkaufen ist es schon zu spät.
Zu den Dörfern am Seeufer ist es zu weit."
Jesus schaute sie fragend an und sagte: „Gebt ihr ihnen doch zu essen!"

„Wir?", fragten sie. „Sollen wir für so viele Leute Brot kaufen? Das kostet doch einen Haufen Geld! Das haben wir gar nicht. Und außerdem würde auch für uns die Zeit nicht ausreichen."

„Wie viele Brote habt ihr denn?"

„Fünf", sagten sie, „und zwei Fische. Das ist alles."

Während die Apostel noch da standen und nicht wussten, was sie tun sollten, rief Jesus den Leuten zu: „Setzt euch hin wie bei einem Picknick, in Gruppen, die Familien zusammen."

Und die Leute setzten sich ins Gras. So viele Menschen, dass man sie kaum zählen konnte.

Alle schauten zu Jesus hin und wussten nicht, was das bedeuten sollte.

Da sahen sie, wie er die Brote in die Hand nahm, eines nach dem andern, und auch die beiden Fische und zum Himmel aufsah.

Er betete: „Vater, segne diese Brote und Fische und mach uns satt. Wir danken dir."

Dann brach er das Brot in kleine Stücke, gab sie den Jüngern und die gaben sie weiter an die Leute. Auch die Fische teilte er in kleinen Stücken aus.

Sie aßen. Es schmeckte ihnen.

Und dann passierte etwas, was sie sich nicht erklären konnten.

Am Ende standen sie auf und sagten: „Wir sind satt geworden. – Wie ist sowas möglich!" Und sie redeten alle durcheinander, weil sie sich so wunderten.

Sie hatten nämlich noch nicht richtig begriffen, dass alles anders ist, wenn Jesus da ist. Da werden nämlich die Kranken gesund, die Traurigen froh *und die Hungrigen satt*.

Man kann es nicht erklären. Man muss es erlebt haben.

Didaktische Hinweise

Das Bild, eine Postkarte aus Tabgha am See Gennesaret, das ein Mosaik aus dem 4. Jahrhundert zeigt, durch Kinder „einrahmen" lassen.

Tischgebete im Gotteslob finden, aufschreiben, lernen (Gotteslob Nr. 16 und 17!).

Brot und Fische, Mosaik aus der Kirche der Brot- und Fischvermehrung,
Tabgha am See Gennesaret, 4. Jahrhundert n. Chr.

24 Jesus macht den jungen Mann wieder lebendig und seine Mutter muss nicht mehr weinen

Ein junges Mädchen in Galiläa verliebte sich. Sie heiratete einen netten Mann und dann bekam sie einen kleinen Jungen.

Sie war sehr froh.

Jetzt hatte sie eine Familie.

Sie konnte für ihren Mann und für ihren Jungen sorgen.

„Vielleicht bekomme ich noch mehr Kinder", dachte die Mutter und sie freute sich schon darauf.

Dann passierte das Unglück:

Ihr Mann starb.

Da war sie mit ihrem Jungen ganz allein.

Sie war traurig, aber sie war froh, dass sie ihren Jungen noch hatte. Sie sorgte für ihn, kochte für ihn, nähte ihm seine Sachen, flickte ihm seine Hosen, half ihm bei den Hausaufgaben, als er lesen und schreiben lernen musste, und so wurde er langsam groß, ein schöner junger Mann mit schwarzen Augen und schwarzen Locken.

Er liebte seine Mutter sehr und er sagte oft: „Wenn du mal alt bist, Mama, dann sorge ich für dich, dann hast du es ganz gut und kannst dich ausruhen und jeden Tag Braten essen."

Da war die Mutter ganz glücklich.

Sie arbeitete im Garten und schaute in den Sommerhimmel und sagte: „Danke, lieber Gott, für meinen Jungen!"

Und dann kam der schreckliche Tag.

Ihr Junge wurde krank, schwerkrank und starb.

Sie schrie, sie weinte, sie schlug mit den Fäusten auf den Tisch und sie ließ sich nicht trösten, von niemand.

Sie wollte nicht mehr leben.

Wofür?!?

Erst ihr Mann und nun ihr Sohn ... Alle beide tot! –

Es sprach sich in der Stadt herum. Allen Leuten tat sie leid. Alle hatten den netten jungen Mann gern gemocht. Er war hier aufgewachsen.

„So ein hartes Schicksal", sagten die Menschen, „da gehen wir wenigstens mit zur Beerdigung."

Und so wurde es ein riesiger Zug, der hinter der Bahre mit dem toten jungen Mann herging.

Sie waren schon fast am Stadttor.

Von der anderen Seite kamen auch viele Leute.

Das waren die Freunde und Anhänger von Jesus. Jesus war auch dabei. Am Stadttor von Naïn trafen sie alle aufeinander.

Jesus schaute die Frau an und sie tat ihm sehr leid.

Er ging zu ihr hin und legte ihr die Hand auf den Arm und sagte: „Wein doch nicht!"

So leid tat sie ihm.

Dann ging er zu der Bahre hin und berührte sie.

Da blieben die Träger stehen und alle Leute, die zur Beerdigung gingen, blieben auch stehen und dachten: „Nanu, warum bleiben wir denn stehen!?"

Und Jesus sagte: „Junge, steh auf!"

Da machte der junge Mann die Augen auf und schaute sich verwundert um und fragte: „Wo bin ich?"

„Komm", sagte Jesus und half ihm aufstehen. Denn die Träger hatten die Bahre auf den Boden gestellt.

Und er nahm ihn an der Hand und ging zusammen mit ihm zu der Mutter, die so viel geweint hatte, und sagte: „Hier hast du deinen Sohn zurück."

Die Leute, die das sahen, denen ging das in die Knochen und sie waren richtig erschrocken und einige fingen an zu beten und sie dankten Gott, weil er ihnen Jesus geschickt hatte.

Die Mutter dachte: „Ich bin die glücklichste Frau auf der Welt."

25 Die Heilung des Taubstummen

„Wo ist Jesus nur?!", dachten die Leute am See Gennesaret.

Er war schon eine ganze Weile fort. Das gefiel ihnen gar nicht.

Sie wollten so gerne mit ihm sprechen, wollten ihn anschauen, wollten ihm zuhören, wenn er von Gott erzählte.

Dann, endlich, war es soweit!

Am Seeufer kam Jesus entlang, zusammen mit seinen Freunden, spazierte mitten durch die Blumenwiesen und als sie ihn sahen, kam es denen, die an ihn glaubten, sicher so vor, als ginge die Sonne auf.

Das ist immer so. Wenn jemand kommt, der einem viel bedeutet, dann ist das, als ginge die Sonne auf.

Ein Mann wartete besonders sehnsüchtig auf Jesus. Schon die ganze Zeit. Er wusste: „Jesus kann heilen" und er dachte: „Vielleicht heilt er mich auch!"

Aber er traute sich gar nicht allein zu Jesus hinzugehen. Er schämte sich. Er wollte nicht, dass die anderen ihn anschauten. Er konnte nämlich nicht sprechen. Kein Wort. Es war, als wäre ihm die Zunge angewachsen. Noch nie konnte er sprechen. Auch als Kind nicht.

Nie hat er zu seiner Mutter sagen können: „Bitte, gib mir ein Stück Brot" oder: „Mama, ich mag dich." Er war stumm.

Aber nicht nur das. Er konnte auch nichts hören.

Er hatte noch nie etwas hören können. Nicht die Stimme seiner Mutter, kein Vogelgezwitscher im Frühling oder die Wellen am Ufer des Sees. Nicht einmal den lauten Donner konnte er hören.

Und weil er nicht wusste, was die Leute sprachen und weil er selber nicht sprechen konnte, weil er taubstumm war, darum fühlte er sich ganz unsicher. Er schämte sich. Traurig war er natürlich auch.

Aber sehen konnte er! Gut! Und so hatte er eines Tages Dinge gesehen, die ihn in Erstaunen versetzten.

Da waren Leute gekommen, von weither. Schwerkrank wurden sie zu Jesus hinge-tragen, weil sie selber nicht mehr laufen konnten.

Und die gleichen Leute kamen nach einiger Zeit wieder zurück und waren ganz verwandelt. Fröhlich waren sie, liefen auf ihren eigenen Beinen. Einer hatte sogar sein Bett, auf dem sie ihn getragen hatten, nach Hause geschleppt. Es machte ihm gar nichts aus.

Das hatte er, der Taubstumme, mit eigenen Augen gesehen!

Seitdem dachte er: „Wenn Jesus doch wieder da wäre, vielleicht könnte er auch mich heilen …"

Leute, die ihn kannten, begriffen seinen Wunsch. Sie brachten ihn zu Jesus. Allein traute er sich nicht.

Und auch jetzt schaute er ganz stumm und verlegen vor sich hin.

Mit gesenktem Kopf.

Die Leute sagten zu Jesus: „Der Arme, er ist taubstumm.

Bitte berühre ihn mit deinen Händen und mach ihn gesund!"

Alle drängelten sich jetzt dicht um Jesus und den taubstummen Mann, der sich so schämte.

„Passt auf, jetzt tut er ein Wunder!", riefen sie aus der Menge.

„Das muss man gesehen haben." „Wunder … Wunder … Wunder …", schrieen die Leute und warteten.

Da nahm Jesus den Taubstummen an der Hand und ging mit ihm weg, hinter einen kleinen Hügel, wo sie ganz allein waren.

Dann hob er seine Hände hoch und legte seine Finger auf die Ohren des Mannes. Seine Zunge berührte er auch. Er schaute zum Himmel, sagte gar nichts, seufzte nur einmal, als sei er traurig, dass es so viele Menschen auf der Welt gibt, die leiden müssen.

Dann schaute er dem Taubstummen freundlich ins Gesicht und sagte: „Öffne dich!"

Sofort konnte der Mann hören und seine Zunge war wie von einer Fessel befreit. Er konnte sprechen wie alle anderen.

Da war der Mann froh!

Er war vor Freude ganz aus dem Häuschen!

Sofort lief er zu den anderen hin und erzählte ihnen, wie es geschehen war, dass er wieder hören und sprechen konnte. Er erzählte es nochmal und nochmal, obwohl Jesus sagte: „Erzähl es nicht so rum, ich mag den Wirbel nicht!"
Aber trotzdem wurde es weitererzählt.
„Stellt euch sowas vor:
Jesus macht, dass die Tauben hören und die Stummen reden."

Didaktische Hinweise

Alle diese Wundergeschichten kann man sehr gut in szenisches Spiel umsetzen. Da man mehr als einmal spielen lässt, bleibt für das Malen nicht so viel Zeit. Vorschlag: Nach diesen vier Stunden ein zusammenfassender Hefteintrag, z.B. *„Jesus ist stärker als Krankheit und Tod."* Jesus malen lassen.

26 Jesus heilt die kranke Frau

Wenn Menschen sich anfassen, kann das gut sein oder schlecht.
Wenn ein Vater Ärger gehabt hat und ungeduldig ist und sein Kind an der Hand hinter sich herzerrt, dann fühlt sich das Kind nicht gut. Es ist traurig, die Hand tut ihm weh, manchmal fängt es an zu weinen.
Wenn aber eine Mutter lieb ist zu ihrem Kind und das Kind streichelt, dann fühlt sich das Kind gut und es lacht.
Manchmal fällt ein Kind hin und verletzt sich. Es hat dann eine dicke Beule und der Kopf tut ihm weh.
„Mama!", weint das Kind, wenn es noch sehr klein ist, und dann nimmt die Mutter ihr Kind in den Arm und sie legt ihm die Hand auf den Kopf und schwupp, schon tut es nur noch halb so weh.
Wenn ein Kind schwerkrank ist und Fieber hat und im Bett liegt und niemand sehen will, dann mag es trotzdem, dass die Mutter am Bett sitzt und seine Hand festhält oder über sein Gesicht streichelt oder ihm die Hand auf die Stirn legt oder ihm einen Kuss gibt.
Am wohlsten tut es einem kranken Kind in der Nacht, wenn die Mutter sagt: „Ach, komm in mein Bett." Und dann nimmt die Mutter das Kind in den Arm und es kann sich ankuscheln und dann wird es viel schneller wieder gesund als wenn es ganz allein in einem dunklen Zimmer liegen müsste.
Das ist auch bei Erwachsenen so. Jemand, der im Krankenhaus ist, der hat es gerne, wenn die Schwester ihm über die Stirn streichelt und sagt: „Nehmen Sie nur die Medizin, bald geht es Ihnen besser." Es geht einem immer gut, wenn einen ein anderer Mensch, der einen gern hat, in den Arm nimmt. Das ist immer so, als wenn man davon fröhlich und gesund würde. Und man wird wirklich fröhlich und gesund davon. Und je lieber einen jemand hat, desto wohler fühlt man sich.

Das alles wusste auch eine kranke Frau zu der Zeit, als Jesus in Israel gelebt hat. Sie hatte niemand, der sie in den Arm nahm und niemand, der ihr die Hand auf die Stirn legte. Aber sie war sehr krank. Nicht ein Jahr, nicht zwei Jahre oder drei, nein sie war schon zwölf Jahre krank. Zwölf Jahre lang hatte sie Bauchweh, ununterbrochen. Nie hörte es auf und sie fühlte sich ganz müde und schlapp und suchte und suchte überall nach dem besten Arzt. Die Ärzte sagten: „Wenn ich Sie behandle, das kostet viel Geld." „In Ordnung", sagte die kranke Frau, „Hauptsache, ich verliere mein ewiges Bauchweh und ich fühle mich nicht mehr so elend." Aber die Ärzte konnten ihr nicht helfen, sie war immer noch krank. „Wir wissen auch nicht, was Sie haben!", sagten die Ärzte. Da hatte am Ende die Frau überhaupt kein Geld mehr, war immer noch krank und war außerdem noch traurig und verzweifelt.
Da hörte sie von Jesus.
„Der kann Leute heilen!", hatte sie gehört.

„Der ist ganz gut zu den Menschen!", hatte sie gehört.

„Der hat Kraft von Gott. Der hat einem Taubstummen nur die Hände auf die Ohren gelegt und auf die Zunge, da konnte der wieder hören und sprechen. Und ein Lahmer musste vorher auf einer Liege herumgetragen werden, dann kam er zu Jesus und hinterher konnte er sogar sein eigenes Bett nach Hause schleppen und dabei laut pfeifen."

„Da muss ich hin!", dachte die kranke Frau, „da muss ich unbedingt hin!" Und sie ging an den See Gennesaret, wo Jesus war.

Jesus war in einer riesigen Menschenmenge, ganz in der Mitte. Alle wollten nah bei ihm sein.

„Ach du lieber Himmel, der hat ja gar keine Zeit für mich … Wenn der alle Leute, die hier krank herumlaufen, gesund machen will, dann bin ich nächste Woche noch hier. Und mir tut so der Bauch weh!"

Sie überlegte sich:

„Jesus hat doch Kraft von Gott. Und er könnte mich gesund machen, wenn ich nur seine Hand auf meinem Kopf spüren würde … Er brauchte noch nicht mal etwas zu sagen … Aber er spricht mit so viel anderen Leuten, die sind auch alle traurig oder krank … Ach, ich berühre einfach sein Gewand. Bei einem wie Jesus, da reicht es sicher schon, wenn man nur sein Gewand berührt. So heilig wie der ist …"

Und sie drängelte sich nach vorne, so dass sie ein Stückchen von seinem Gewand fassen konnte. Und im gleichen Augenblick war ihr Bauchweh weg, einfach verschwunden, und sie fühlte sich gesund und fröhlich. Sie war ganz sprachlos und wunderte sich noch, da sagte Jesus: „Wer hat mich berührt?"

Die Apostel fingen an zu lachen.

„Du bist aber lustig, Jesus, du bist mitten in einer Menschenmenge, wirst von überall und allen Seiten geschubst und gestoßen und geschoben und fragst: Wer hat mich berührt … Mindestens 20 Mann haben dich berührt."

„Nein", sagte Jesus, „Ein Mensch hat mich anders berührt. Ich habe gefühlt, wie eine Kraft von mir ausgegangen ist."

Da fing die Frau, die krank gewesen war und jetzt kein Bauchweh mehr hatte, an zu zittern vor Angst und Aufregung und dachte: „Vielleicht schimpft er mich jetzt?" und sie kam aus der Menschenmenge heraus und kniete sich vor Jesus hin und sagte ganz leise: „Ich war es. Ich war zwölf Jahre so krank und niemand konnte mir helfen, mein ganzes Geld habe ich für Ärzte ausgegeben und ich hatte immer so Bauchweh und war so verzweifelt und du hattest doch so viele Leute um dich herum und ich dachte, da komme ich nie dran, da gehe ich lieber und berühre wenigstens dein Gewand und deshalb hab ich es getan und dann war ich auf einmal gesund. Hab ich was Schlimmes getan?" Angstvoll blickte sie zu Jesus auf.

Der lächelte sie freundlich an und sagte: „Steh nur auf, es war richtig, was du gemacht hast. Dein Glaube hat dich gesund gemacht!"

Da hatte die Frau keine Angst mehr.

Und Jesus sagte: „Geh in Frieden heim. Nie mehr wirst du Bauchweh haben."

Da war aus der traurigen Frau eine ganz glückliche geworden.

Geld hatte sie zwar nicht mehr, aber sie war gesund und das ist mehr wert als 100 000 Mark.

Und alles hatte Jesus gemacht.

Toll.

27 Wie einer blind ist und geheilt wird, und Jesus von sich sagt: „Ich bin das Licht der Welt"

Jesus war wieder unterwegs. Wieder standen und saßen und lagen die Leute am Straßenrand, je nachdem, ob sie gesund oder krank waren. Jesus schaute sie an, sprach mit ihnen, streichelte die Kinder. Da kamen sie zu einem Mann, der sagte: „Ich bitte um eine milde Gabe für einen Blinden, ich bitte um eine milde Gabe für einen Blinden!" Und er hielt seinen Hut hin.

Jesus blieb vor ihm stehen …

„Warum ist der Mann blind?", fragten die Apostel, „hat er vielleicht etwas Böses getan und Gott hat ihn dafür gestraft??? Oder sind etwa seine Eltern böse oder haben etwas Schlimmes getan, sodass ihr Sohn jetzt gestraft worden ist? – Ist das eine Strafe Gottes?"

Jesus schüttelte den Kopf über seine Freunde, die so dumm daherredeten.

„Er hat nichts Böses getan", sagte Jesus, „seine Krankheit ist keine Strafe, weder für ihn noch für seine Eltern."

Krankheiten gibt es und sie sind traurig, aber niemand außer Gott weiß, warum sie einen Menschen treffen.

„Der Mann kann nicht sehen", sagte Jesus, „aber auch bei euch kann es so sein. Denn wenn ihr traurig seid und euch fühlt, als wäre alles dunkel um euch herum, dann ist es, als wären die Augen eurer Seele blind. Und dann kann ich für euch zum *Licht* werden."

Und noch etwas sagte Jesus, da hatten seine Freunde sicher Schwierigkeiten, das zu verstehen.

Er sagte: *„Ich bin das Licht der Welt."*

Aber erst einmal wurde er wie ein Licht, ein Licht von Gott geschickt, für den armen blinden Bettler.

Jesus nahm Erde, machte eine Paste daraus und strich sie dem Blinden auf die Augen.

„Was soll das? Warum tust du das? Warum hast du mir etwas auf die Augen gestri-

chen?", fragte der Blinde, „Jetzt bin ich ja schmutzig!"

„Geh und wasch dich", sagte Jesus, „wasch dich im Teich Schiloach."

„Gut, mach ich."

Der Mann nahm seinen Stock, ging zum Teich und tat, was Jesus gesagt hatte. Er wusch sich mit dem Wasser die Augen aus. Und als er die Erde abwusch, so wie Jesus es gesagt hatte, da fiel im gleichen Augenblick die Blindheit von ihm ab.

Es wurde immer heller und heller, er sah die Sonnenstrahlen auf dem Wasser glitzern. Er fühlte sich, als sei er neu geboren und in seinem Herzen wurde es auf einmal auch ganz hell, vor lauter Freude.

„Jetzt kann ich verstehen", dachte er, „dass Jesus ein Licht ist, das Gott uns geschickt hat."

Er konnte seinen Blindenstock wegwerfen und ging nicht mehr vorsichtig und langsam, sondern aufrecht und schnell. Er musste ja keine Angst mehr haben, dass er irgendwo anstieß.

Und so kam er zurück und die Leute waren außer sich.

„Das ist doch der blinde Bettler, der, der von Geburt an blind war und noch nie sehen konnte … Wieso kann er jetzt sehen?"

„Ach, das ist er gar nicht", riefen einige Leute, der sieht ihm nur ähnlich!"

„Ich bin es doch!", lachte der, der vorher blind gewesen war.

„Die Sache ist ganz einfach. Jesus hat mir was auf die Augen gestrichen und mir dann gesagt, ich solle mich im Teich Schiloach waschen und dann wurde es immer heller und heller und auf einmal konnte ich das Wasser sehen und die Sonne und die Menschen und alles und jetzt bin ich so froh, dass ich es nicht beschreiben kann!"

„Wo ist Jesus jetzt?", riefen die Leute aufgeregt,

aber der Blinde wusste es auch nicht.

Einige zweifelten immer noch, dass das derselbe Mann war.

Andere meinten: „Man müsste seine Eltern holen, die kennen ihn doch wohl. Die können's uns genau sagen."

„Richtig! Gute Idee!"

Die Eltern wurden geholt, waren ganz durcheinander …

„Was ist mit unserem Sohn los? Der kann sehen? Nein, das kann nicht sein, der ist schon als Baby blind auf die Welt gekommen, der hat noch nie sehen können."

Aber dann fanden sie ihren Sohn mit strahlenden Augen und er konnte wirklich sehen.

„Wie kann das sein, dass er blind geboren ist und dass er jetzt sehen kann?", fragten die Leute.

Die Eltern wussten es auch nicht. Und der, der blind gewesen war, erzählte ihnen alles.

Von jetzt an brauchte er nicht mehr zu betteln. Jetzt konnte er arbeiten. Und den Hut, in den die Leute ihre „milde Gabe" hineingeworfen hatten, den warf er jetzt vor Freude in die Luft.

28 Die Frau am Jakobsbrunnen (Jesus kennt sich aus!)

In Samaria wohnte eine hübsche Frau. Die mochte die Männer.

Sie heiratete. Eine Zeitlang lebte sie ganz vergnügt. Dann dachte sie: „So ein Quatsch, immer derselbe Mann!"

Sie ließ sich scheiden. Da war sie ihn los.

Sie suchte sich einen neuen Mann. Der gefiel ihr gut.

Sie heiratete ihn. Dann wurde er ihr wieder langweilig und sie ließ sich wieder scheiden.

Sie heiratete wieder, ließ sich wieder scheiden,

sie heiratete wieder, ließ sich wieder scheiden.

Jetzt sagten die Leute aber: „Was ist denn das für eine, ein Mann nach dem andern. So sollten wir aber nicht leben! – Jetzt war sie schon viermal verheiratet.

Aber das war immer noch nicht das letzte Mal. Sie heiratete noch einen fünften Mann.

Aber auch der ging ihr wieder auf die Nerven.

Sie sagte: „Öfter mal was Neues." Schon war der Mann wieder weg.

Bei dem sechsten hatte sie keine Lust mehr zum Heiraten.

„Wir ziehen einfach zusammen", sagte sie, „wozu noch extra heiraten!"

„Das ist keine gute Frau!", sagten die Nachbarn.

„Das ist keine gute Frau!", sagten die Leute in der Straße und in der ganzen Stadt.

Diese Frau ging immer zum Brunnen, um Wasser zu holen.

Heute war wieder mal so ein Tag, da brannte die Sonne noch heißer vom Himmel, als sie es sonst tat.

Und so brauchten die Menschen auch mehr Wasser als sonst, weil der Durst so groß war.

An diesem Tag war auch Jesus unterwegs. Auch ihm war sehr warm.

Er war sehr durstig, als er am Brunnen ankam, und er hatte Hunger.

„Ich bleib hier am Brunnen sitzen und ruhe mich aus", sagte er zu den Aposteln, seinen Freunden.

„Geht in die Stadt und kauft etwas zum Essen!

Was Gutes. Gemüse und Obst, Fleisch und Brot. Ihr wisst schon."

„Ist gut, Meister, ruh dich inzwischen etwas aus!
Wir sind bald wieder da!"

Jesus genoss den Schatten und den Sommertag.
Da kam die Frau, die Frau mit den vielen Männern.
Sie schöpfte Wasser in ihren Krug.
Jesus schaute ihr zu.
„Du musst jeden Tag Wasser holen, im Sommer und im Winter", sagte Jesus, „man trinkt sich satt und immer wieder wird man durstig."
„Genau", sagte die Frau, „du hast es erkannt!"
Sie lachte.
Dann sagte Jesus etwas Merkwürdiges.
„Schau", sagte er, „ich gebe den Menschen auch *Wasser* zu trinken. Besonderes Wasser! Wasser des Lebens!
Wenn man das getrunken hat, dann wird man nie mehr durstig."
(Jesus meinte damit: „Ich führe die Menschen zu Gott und dann sind sie glücklich für immer.")
„Na, na", lachte die Frau, „du erzählst aber komische Sachen ... Wasser, von dem man nie mehr durstig wird? ... Gib mir was davon, dann brauche ich nicht mehr so oft zum Brunnen rennen und muss mich nicht mehr so abschleppen mit den schweren Krügen!"
In ihrem Herzen ahnte sie vielleicht schon, dass Jesus das anders gemeint haben könnte, aber *wie*, das wusste sie nicht.
Da sagte Jesus zu ihr:
„Geh und hol deinen Mann, dann erzähl ich euch mehr darüber."
„Meinen Mann???"
Die Frau wurde rot, überlegte einen Augenblick und sagte dann:
„Ich, ich hab gar keinen Mann."
Jesus schaute sie an, schaute ihr mitten ins Herz und sagte:
„Du hast Recht, fünf Männer hast du gehabt und den du nun hast, der ist nicht dein Mann."
„Was?!"
Die Frau war sprachlos. „Woher wusste er das? ... Er kannte sie doch gar nicht und sie hatte ihn noch nie gesehen. Er stammte auch nicht aus dieser Gegend! Wer war er denn, vielleicht von Gott geschickt, ein Heiliger? Wieso hätte er sonst sowas wissen können?!"
Und dann rannte sie davon, ließ ihren Krug stehen und man sah nur noch eine Staubwolke. Zum Glück ging's bergab.

Jesus lächelte, denn er wusste, was die Frau jetzt tat.
Nach kurzer Zeit kam die Frau zurück, zusammen mit ihrem jetzigen Freund und mit Nachbarn und mit einem Haufen Leute aus der Stadt Samaria.
Denen hatte sie gesagt: „Der Messias, der von Gott geschickte, der sitzt vor der Stadt an unserem Brunnen. Nichts wie hin!"
Und die Leute hatten gefragt: „Wie kommst du darauf?"
Und die Frau hatte ihnen aufgeregt erzählt:
„Der hat mir bis ins Herz geschaut. Der hat genau gewusst, wie ich lebe und wie ich bisher gelebt habe!"
„Was?!?"
Und sie rannten alle zu Jesus und der sprach mit ihnen und predigte, und sie hörten ihm zu und begannen an ihn zu glauben.
„Sowas!"
Als die Frau am Abend heimging, da hat sie sich ganz toll gefühlt, denn Jesus hatte ihr gesagt: „Alle deine Sünden sind jetzt verziehen. Fang ein neues Leben an!"
„Das tu ich!", hatte sie gesagt, und der Krug, den sie heimtrug, der erschien ihr so leicht wie noch nie im Leben.

Als die Apostel mit dem Essen aus der Stadt kamen, staunten sie nur so. Jesus hatte inzwischen viele viele neue Freunde bekommen, die alle an ihn glaubten.
So wie wir.

Er kennt uns!

Didaktische Hinweise

Bei dieser Geschichte wären verschiedene „Lernziele" möglich, z.B. ein „feministisches", das den Wert auf die Tatsache legt, dass Jesus, ein Mann, mit einer Frau spricht, noch dazu mit einer aus einem Volk, das nicht zur jüdischen Tradition gehörte.

Ich würde das Lernziel eher so formulieren: „Bewusstsein, dass es nicht wichtig ist, woher einer kommt und wie er lebt, weil Jesus dem Menschen *ins Herz sieht*".

Dabei kann man an David, den Hirtenjungen, anknüpfen, der als der Kleinste zum König erwählt wird. –

Dass Jesus der Samariterin am Jakobsbrunnen ins Herz sieht, sie so sieht, wie sie wirklich ist – und sie so annimmt (keine Moral- oder Strafpredigt hält –, das bringt sie dazu, ihr Leben zu ändern, anderen von Jesus zu erzählen und an ihn zu glauben).

Das Bild kann entweder ausgemalt werden oder die Lehrerin/der Lehrer deckt vor dem Kopieren einen Teil ab und lässt dann die Kinder malen.

29 Jesus heilt den Gelähmten

Damals, als Jesus lebte und mit seinen Freunden am Ufer des See Gennesaret entlangspazierte, da gab es dort auch einen Jungen, der konnte laufen und springen und spielen und lachen – wie andere Kinder das auch können.
Eines Tages wurde der Junge krank.
Sehr krank.
Er konnte nicht mehr hinauslaufen auf die Wiese,
er konnte nicht mehr im See schwimmen,
er konnte nicht mehr mit seinen Freunden spielen,
er konnte nicht mal mehr in den Garten gehen.
Er war gelähmt.
Er konnte seine Arme und Beine nicht mehr bewegen und lag da, den ganzen Tag, vom Morgen bis zum Abend.

Dieser Junge, ein paar Jahre waren vergangen, er war jetzt schon ein junger Mann,
der hatte Freunde, die zu ihm hielten.
Er hatte Freunde, die ihn richtig gern hatten.
Es ist immer schön, Freunde zu haben.
Aber wenn man krank ist, dann ist das noch viel wichtiger.
Sie besuchten ihn, sie erzählten ihm immer alles, was draußen passierte in der Welt.
Und manchmal haben sie ihm lustige Geschichten erzählt, damit er nicht so traurig war.
Sie freuten sich, wenn er lachte.

Immer schon hatten sie gesagt: „Der Arme, wenn wir ihm nur helfen könnten!"
Aber das ging ja nicht. Kein Arzt konnte ihm helfen.
Sie auch nicht.
Bis einer von ihnen die Idee hatte …
„Weißt du was, wir bringen dich zu Jesus!"
„Wieso?"
„Jesus ist von Gott geschickt. Der kann Menschen gesund machen. Der ist stärker als der Tod!"
„Ach, sagt doch sowas nicht!"
„Doch, das kann er!"
„Und wie soll ich mit euch zusammen dorthin kommen?"
„Wir machen eine Bahre und dann legen wir dich drauf und dann gehen wir an den See hinunter, zu Jesus."
„Ist euch der Weg nicht zu weit?"
„Nein!"
„Das ist doch anstrengend!"
„Ja, kann schon sein."
„Und warum macht ihr es dann?"
„Aus zwei Gründen:
    Erstens, weil du unser Freund bist,
    und zweitens, weil wir *glauben*,
    dass Jesus dich gesund machen kann."

Am nächsten Morgen waren sie schon unterwegs.
Es war anstrengend und mühsam.
Die Sonne brannte vom Himmel.

Sie schwitzten sehr.
Aber die ganze Zeit dachten sie:
„Hoffentlich macht Jesus unseren Freund gesund!"
und:
„Hoffentlich sind nicht zu viele Leute da! Hoffentlich können wir auch bis zu Jesus vordringen!
Jesus ist ja oft so umlagert von den vielen Menschen …"

Und dann kamen sie an. Endlich.
„Jesus ist da hinten in dem Haus!", rief jemand.
Aber das konnten sie sich schon selber denken.
Denn da war vor dem Haus eine riesige Menschenmenge zu sehen.
Alles war belagert. Sie saßen auf den Treppenstufen, sie schauten in die Fenster hinein, sie standen vor dem Haus und versuchten mitzubekommen, was drinnen vorging. Jesus war im Haus drin.

„Da kommen wir nie durch!", sagten sich die Freunde.
Sie stellten die Bahre ab und überlegten.
Dann kam ihnen die Idee.
„Wir klettern auf das Dach."
„Warum?"
„Wir lassen unseren kranken Freund durch das Dach – von oben – hinunter bis zu Jesus. Anders kommen wir nicht an Jesus ran."
„Aber das Dach ist doch oben zu."
„Stimmt, deswegen müssen wir es abdecken, sodass ein Loch entsteht, groß genug für eine Bahre. Und durch dies Loch lassen wir ihn dann an Seilen herunter."
„Kann man das denn machen? Ein Dach abdecken? Dann regnet's den Leuten ja später auf den Kopf."
„Wir richten später alles wieder her, genauso wie es vorher war."

Und sie machten sich an die Arbeit.
Erst mussten sie herausfinden, wo Jesus war.

Sie konnten seine Stimme hören, wenn sie ganz still waren.
„So eine liebe und freundliche Stimme!"
Die Freunde begannen mit der Arbeit.
Vorsichtig, vorsichtig deckten sie das Dach ab, sodass sie nach unten schauen konnten.
Richtig! Da stand Jesus!
Sie freuten sich.

Sie arbeiteten weiter.
Und als das Loch groß genug war, ließen sie die Bahre mit ihrem gelähmten Freund an vier Seilen langsam herunter.
Ganz vorsichtig.
Er sollte ja nicht von der Bahre purzeln.

Auf einmal stand er mitten im Zimmer. Genau vor Jesus. Der schaute ihn an und hob den Kopf und lachte die Freunde an. Die guckten nämlich ganz aufgeregt durch das Loch in der Decke und passten auf, was Jesus wohl tun würde.
(In der Heiligen Schrift steht: „Jesus hat ihren Glauben gesehen", Jesus hat in ihr Herz schauen können. Er hat gewusst, dass sie dachten:
„Jesus, der kann das! Der kann unseren Freund gesund machen!
Der kann das ganz bestimmt!")
Und dann hat Jesus den jungen Mann auf dem Bett angeschaut und zu ihm gesagt: „Steh auf, nimm dein Bett und geh nach Hause!"

Und da stand der junge Mann auf, einfach so, auf seinen eigenen Beinen, und mit seinen Armen konnte er wieder greifen. Er packte sich das Bett, nahm es unter den Arm und spazierte fröhlich aus dem Zimmer.
Jesus hatte ihn gesund gemacht.
Bestimmt haben die Freunde von oben „Danke, Jesus!", geschrien, bevor sie das Dach wieder zudeckten.
Die Leute rundherum staunten nur so
und sie glaubten an Gott,
weil der solche Wunder geschehen lassen kann.

Gute Freunde

Didaktische Hinweise

In dieser Geschichte spielen neben der Tatsache, dass Jesus den Gelähmten heilt, *die Freunde des Gelähmten* eine große Rolle. Denn *sie* bringen ihn zu Jesus, *sie* überwinden für ihren Freund Hindernisse (decken das Dach ab). Und schließlich lesen wir in der Bibel: „Als Jesus *ihren Glauben* sah" ... Deshalb kann vorher aus dem Erlebnisbereich der Kinder die Geschichte „Einem Freund helfen, indem man etwas Gutes für ihn tut" vorgelesen werden. Hier tun Kinder etwas für einen Hund, weil sie seine Freunde sind.

Bei der Geschichte „Der Gelähmte wird geheilt – Von Jesus können wir lernen, wie wir Menschen helfen können" wird von einem „heutigen Kind" ausgegangen, einem Kind, das nicht wirklich gelähmt ist, sondern in seiner Seele traurig – wie gelähmt ist. Die Kinder der 4. Klasse haben schon ein Gespür für diese Art von Gelähmtsein. Nach der Geschichte von der Heilung des Gelähmten kann man dann darauf zurückkommen, wie *wir* so jemand helfen könnten.

Bei dem Bild (Folie) zunächst das Innere des Hauses abdecken.
DIN A 5-Blatt drauflegen, am linken und rechten Rand ankleben und in der Mitte aufschneiden, sodass man es wie eine Tür öffnen kann. Als Hausaufgabe können die Kinder das auf ihrem Blatt ebenfalls tun. Von außen können sie so ausmalen, dass das Haus zu erkennen ist (Tür, Fenster ...).

29.1 Einem Freund helfen, indem man etwas Gutes für ihn tut

Struppi war ein kleiner Hund mit struppigem Fell.
Er war nicht reinrassig, er war nicht besonders schön, er gehörte einer alten Frau. Struppi lief den ganzen Tag auf der Straße herum, er liebte alle Kinder. Die Kinder, die in der Straße von Struppi wohnten, liebte er über alles.
Man kann sagen, Struppi und die Kinder waren echte Freunde.
Eines Tages fuhr ein Auto vorbei, Struppi konnte nicht mehr ausweichen und er wurde angefahren und verletzt.
Seine Freunde, die Kinder, standen um ihn herum und waren traurig.
Sie redeten ihm gut zu, sie streichelten ihn. Aber Struppi schaute nur aus traurigen Hundeaugen und winselte leise. Seine hinteren Beine konnte er nicht mehr bewegen. Sie bluteten.
Jemand hatte die alte Frau gerufen.
Sie schaute Struppi an. „Ich kann nichts für dich tun, Struppi", sagte sie, „was soll ich mit einem lahmen und kranken Hund ... Ich kann selber kaum laufen ... Und Geld für den Tierarzt habe ich auch nicht ... Meine kleine Rente ... Die reicht kaum für mich."

„Sie haben recht", sagten die Erwachsenen, die herumstanden, es lohnt sich auch nicht mehr, Geld für den Tierarzt auszugeben.
Der Hund ist schon alt, reinrassig ist er nicht und schön ist er auch nicht. Der stirbt sicher sowieso bald.

Die Kinder hatten alles mit angehört.
Dass die alte Frau kein Geld hatte, konnten sie verstehen. Aber zu sagen: „Der ist nicht reinrassig und auch nicht schön!", das fanden sie gemein.
„Wir finden ihn doch schön", sagten sie untereinander, wir lieben ihn und er ist unser Freund. Wenn man jemand liebt, dann ist er eben schön, auch wenn er in Wirklichkeit nicht besonders schön ist.
Struppi schaute zu den Kindern herüber, als könnten seine Augen sprechen. „Helft mir bitte!", verstanden die Kinder.

Und so sagten sie zu den Erwachsenen und zu der alten Frau:
„Wenn Sie nichts dagegen haben, dann nehmen wir ihn mit. Wir waschen ihm das Blut ab und sorgen für ihn." Niemand hatte etwas dagegen.

Und vorsichtig hoben sie den kleinen verletzten Hund hoch und trugen ihn in einen kleinen Holzschuppen hinter einem Haus.

Die Kinder überlegen, was man tun könnte.
Geld haben sie auch nicht...
Geld zusammenlegen... Tierarzt... *Vertrauen, dass Tierarzt helfen kann... Struppi hintragen...*

Eine Woche später war Struppi gesund.

Er konnte wieder laufen.
Wenn die Kinder aus der Schule kamen, dann bellte er vor Freude, sprang an ihnen hoch, die Kinder lachten und sie liefen um die Wette nach Hause. Sie blieben immer die dicksten Freunde.

29.2 Der Gelähmte wird geheilt... Von Jesus können wir lernen, wie *wir* Menschen helfen können

Da gab es einmal ein kleines Mädchen. Das war fröhlich und lustig und rannte herum und spielte und lachte. Seine Eltern liebten es sehr und auch die anderen sagten: „Was für ein nettes Kind!"

Aber dann, auf einen Schlag, änderte sich alles.
Die Mutter wurde schwer krank und starb.
Eine alte Tante sorgte für das Kind und der Vater hatte nicht viel Zeit, wenn er von der Arbeit heimkam.
Das Kind wurde immer stiller. Es veränderte sich. Es lachte nicht mehr viel, rannte nicht mehr herum, hatte keine Lust zum Spielen.
Es war traurig.
Wenn es so da saß, hätte man fast denken können, das Kind ist krank, es kann sich gar nicht bewegen, es ist wie *gelähmt*.
Die anderen Kinder mochten das Mädchen nicht besonders leiden.
„Mit der kann man doch nicht spielen!", sagten sie.
Auch die Erwachsenen sagten manchmal: „Lach schon!",
als ob ein Kind so etwas auf Kommando könnte.
Immer stiller wurde das Mädchen.
Es wusste: So wie ich bin, so mögen mich die anderen gar nicht.
Aber ich kann doch nicht anders sein!

Ich kann einfach nicht lachen, wenn ich traurig bin."
Ihr Herz war traurig, da fühlte sie sich wie krank, wie gelähmt.

In der Bibel gibt es auch eine Geschichte von einem, der ganz sicher „traurig" war. Es steht da geschrieben, dass er *gelähmt* war.
Wie das kleine Mädchen rannte er nicht herum, konnte sich nicht bewegen, konnte nichts mit den anderen zusammen tun.
Er hätte sie nur gestört.
Manche wollten ihn gar nicht sehen. Sie dachten sich:
„Es macht einen nicht gerade fröhlich, wenn man einen Gelähmten da ,herumliegen' sieht."
Ihr kennt diese Geschichte schon!
Dieser junge Mann hat etwas ganz Wichtiges: *Freunde!*
Freunde, das sind Leute, die sagen: „Egal, wie du bist, wir mögen dich. Wir lieben dich so wie du bist."
Es ist ein Glück, wenn man solche Freunde hat.

Richtige Freunde, die geben auch nicht auf.
Sie wollen, dass es ihrem Freund gut geht.
Und wenn sie selber ihm nicht helfen können, dann bringen sie ihn dahin, wo man ihm helfen kann.

Dieser Gelähmte und seine Freunde, die hatten Glück. Sie haben damals in Israel gelebt, wo Jesus auch gelebt hat. Sie waren auch schlau. Sie bekamen mit, dass Jesus einer war, der mehr konnte als andere.
Einer, der ganz anders war. Mit dem Geist Gottes erfüllt. Er konnte sogar Kranke heilen! Kein Wunder, dass sie ihren Freund packten und ihn zu Jesus brachten.
Jemand zu Jesus bringen, das ist das Beste, das man tun kann.

Es war gar nicht so einfach. Der Weg war lang, das Haus, in dem Jesus war, von Menschen belagert.
Da deckten sie einfach, wie ihr schon wisst – das Dach ab, ließen ihren kranken Freund an Seilen herunter und er landete geradewegs vor Jesus.

Sagte Jesus jetzt: „Ihr seid unverschämte Kerle, stört mich bei meiner Predigt! Ihr deckt einfach das Dach ab und legt mir euren Freund vor die Füße!" …?
Nein, sagte er nicht!

Sagte Jesus: „Es gibt genug Kranke um mich herum, jetzt kommt der auch noch!" …?
Nein, sagte er nicht!

Sagte Jesus: „Bevor ich dir helfen kann, musst du erst mal deine Sünden bereuen!" …?
Nein, sagte er nicht!

Jesus schaute auch nicht weg, nein, er schaute den Gelähmten an.
„Mein Kind", sagte er, und wenn Jesus etwas sagt, dann meint er das auch.

„Mein Kind", das heißt: „Ich mag dich! Ich mag dich so, wie du bist!
Für dich würde ich alles tun! Ich würde sogar für dich sterben!
Ich möchte, dass es dir immer gut geht, dass du immer glücklich bist, … mein Kind!"

Und noch etwas sagte er zu dem Kranken. „Alle deine Sünden sind dir vergeben!"
Wir wissen nicht, *was* dem Kranken ein schlechtes Gewissen gemacht hat, was er getan hat.
Aber auf jeden Fall sagt Jesus: „Alles ist dir vergeben. Alles ist in Ordnung! Mach dir keine Sorgen mehr! Ganz neu kannst du anfangen!"

Das allein kann einen Menschen schon froh machen.
Sogar wenn er noch krank ist.
Aber Jesus hat den Kranken auch geheilt.
„Steh auf, nimm dein Bett und geh nach Hause!", hat er gesagt.
Und da ist der Gelähmte aufgestanden, hat sein Bett genommen und ist fröhlich nach Hause gegangen.

Erinnert euch noch mal, was Jesus alles nacheinander getan hat.
Erst hat er den jungen Mann *angeschaut*.
Dann hat er ihm *gesagt: „Ich mag dich!"*
Danach erfuhr der Kranke, dass alles, was vorher war, nicht mehr wichtig war, dass *er neu anfangen* konnte.
Und am Ende ist er gesund geworden, heil und lebendig und froh.

30 Jesus segnet die Kinder

„Jesus, wer ist das denn?", fragt ein kleiner israelischer Junge seine Mama.

„Jesus, das ist ein ganz frommer, heiliger Mann. Er ist gut zu den Menschen und liebt sie. Er erzählt ihnen von Gott.

Er kann so spannend erzählen, dass die Leute oft gar keine Lust haben, nach Hause zu gehen."

„Und warum sind wir noch nicht zu ihm hingegangen?

Ich mag doch auch Geschichten hören!"

„Zu Jesus kommen fast nur Erwachsene.

Es ist immer ganz viel Gedränge um ihn herum.

Und die Sachen, die er erzählt, die sind so wichtig, dass nicht mal die Erwachsenen sie immer verstehen.

Nein, nein! Für Kinder ist das bestimmt nichts!"

Einen Augenblick überlegt der Junge, dann sagt er:

„Ich möchte ihn trotzdem gerne sehen! Kannst du mich nicht mal mitnehmen?" (Ein Kind, wenn es sich etwas in den Kopf setzt, gibt nicht so schnell auf …)

„Ja, warum eigentlich nicht? Ich spreche mal mit der Nachbarin.

Die hat ja auch Kinder."

„Au ja", sagt der Junge, „wenn wir zusammen gehen, dann sind meine Freunde dabei. Dann ist es noch viel schöner!"

„Langsam, langsam", sagt die Mutter. „Ich überleg's mir noch."

„Gut, Mama, aber nicht zu lange!"

Der Junge geht zum Spielen.

Die Mutter spricht mit den Nachbarinnen.

„Ja", sagen die, „wir sollten unsere Kinder mal zu Jesus hinbringen. Er kann sie segnen. So was ist immer gut."

Ein paar Tage später sind sie alle unterwegs. Viele Mütter und noch viel mehr Kinder. Kinder in allen Altersstufen. Die Babys halten die Mütter noch in den Armen.

Die Kinder lachen und singen und essen was und freuen sich.

Es ist schön, einen Ausflug zu machen.

Wenn so viele dabei sind, dann ist der Ausflug noch hundertmal schöner.

Und dann, wenn sie angekommen sind, dann werden sie Jesus treffen, den heiligen Mann, der von Gott geschickt ist und der so freundlich zu den Menschen ist.

Wenn Kinder sehr fröhlich sind, dann sind sie auch sehr laut.

Sie machen einen solchen Lärm, dass sich manche Mütter die Ohren zuhalten. Aber sie lachen dabei.

Man hört sie alle schon von weitem kommen. Man hört den Krach schon, auch wenn man noch kein Kind gesehen hat.

Kinder haben kräftige Stimmen. Und Ausdauer.

Alle Erwachsenen auf der Welt halten sich manchmal die Ohren zu und stöhnen: „O, meine Nerven! Das ist ja nicht auszuhalten!"

Das Gleiche sagen auch die Apostel, als die ganze fröhliche Kindergesellschaft samt Müttern im Jordantal ankommt.

„Um Himmels willen, wohin wollen die denn mit den vielen Kindern! …Schaut nur, … das kann doch nicht wahr sein! … Die kommen ja genau in unsere Richtung!

Das hat uns gerade noch gefehlt!

Als ob wir nicht schon genug Trubel um uns hätten den ganzen Tag mit den vielen Leuten …

Die wollen doch nicht etwa zu Jesus???

Die spinnen wohl!!!

Was Mütter manchmal für Einfälle haben!"

Ja, die Kinder und die Mütter wollen zu Jesus.

Lärm und Geschrei werden immer lauter.

Die Apostel, die Freunde von Jesus, gehen ihnen entgegen.

„He, was wollt ihr hier?!?", rufen sie.

„Wir wollen zu Jesus! Wir wollen Jesus sehen!", schreien die Kinder durcheinander.

„Wir wollen unsere Kinder zu Jesus bringen", sagen die Mütter, „damit er sie segnet."

„Verschwindet!", ruft Petrus, „aber schnell, sonst mach ich euch Beine!
Und lasst euch hier nicht mehr blicken!
Was denkt ihr euch eigentlich! Jesus ist müde! Er hat den ganzen Tag schon mit den Menschen geredet. Er hat mit wichtigen Theologie-Professoren diskutiert. Er hat gepredigt und hat Kranke geheilt. Jesus hat wirklich was Anderes zu tun als sich mit Babys abzugeben und sich Kindergeschrei anzuhören!
Das fehlte gerade noch!
So was!"

Die Kinder machen enttäuschte Gesichter.
Ist doch klar, dass man enttäuscht ist, wenn die Mütter einem was versprechen und am Ende wird nichts draus.
„So ein Mist!"

„Seid ihr noch nicht weg?"

Wie das wirklich ausgegangen ist, kann man in der Heiligen Schrift lesen. Da steht:
„Da brachte man Kinder zu ihm, damit er ihnen die Hände auflegte und für sie betete.
Die Jünger aber wiesen die Leute schroff ab.
Als Jesus das sah, wurde er ganz ärgerlich und sagte zu den Jüngern:
Lasst die Kinder zu mir kommen und hindert sie nicht daran!
Denn Menschen wie ihnen gehört das Reich Gottes, gehört der Himmel.
Wahrhaftig, ich sage euch das eine: Wer das

Reich Gottes nicht so annimmt wie die Kinder, der wird es nicht von innen sehen."

Dann nahm er die Kinder in seine Arme, legte ihnen die Hände auf und segnete sie.

Und der kleine Junge, der als erster die Idee gehabt hatte, der hat vielleicht bei Jesus auf dem Schoß sitzen dürfen und seinen Kopf anlehnen können.
Dabei hat er sich bestimmt ganz toll gefühlt.
Das ist nämlich bei Jesus immer so.

Didaktische Hinweise

Nur 30.1 ist für die Klassen 1 und 2 gedacht. Es kann gespielt und ausgemalt werden.
30.2 passt mehr zu den Klassen 3 und 4.
Spielen als Pantomime, Bild selber malen: die fröhlichen Kindergesichter unter den Armen Jesu.
Zur Pantomime! In kurze Szenen einteilen, z. B.

a) Jesus ist müde und setzt sich hin, Apostel helfen ihm, machen es ihm bequem.
b) Mütter und Kinder kommen, wollen Jesus sehen, Apostel wehren sie ab
c) Jesus steht auf, holt die Kinder, segnet und umarmt sie.

Vorgelesen wird der Abschnitt immer vorher.
Dann Gong oder Musik.
Dann die Szene. Beim Spielen wird nicht gesprochen, man berührt sich auch fast nicht.
Spielszenen können mit Kindern erarbeitet und geplant werden.

Jesus mag alle, Kleine und Große

30.1 Jesus und die Kinder

„Gott sei Dank, endlich etwas Ruhe!", sagt Petrus.

Andreas und die anderen Apostel nicken.

„Wie Jesus das nur aushält ... den ganzen Tag die vielen Leute ... immer wollen sie was von ihm ... immer muss er mit ihnen reden, ihnen etwas erklären ... muss sie heilen ... Und die vielen Fragen, die er beantworten muss!

,Wie betet man richtig?'

,Wen magst du am liebsten???'

,Ist Fasten gut oder ist es schlecht?'

Immer diese vielen Fragen! Es ist nicht zum Aushalten!"

Heute ist es ganz besonders schlimm gewesen.

Den ganzen Tag war Jesus beschäftigt gewesen, schon seit Sonnenaufgang.

„Gott sei Dank, dass die Leute jetzt fort sind. Jetzt kann Jesus sich endlich etwas ausruhen. Und wir, wir werden schon dafür sorgen, dass ihn niemand stört!"

Jesus hat sich ins Gras gesetzt, sich vielleicht an einen Baum gelehnt und die Augen zugemacht.

Er ist wirklich schrecklich müde.

„Hoffentlich schläft er jetzt ein bisschen!"

„Ja, hoffentlich!"

Die Freunde Jesu, die Apostel, sind ganz leise. Sie flüstern nur miteinander, um Jesus nicht aufzuwecken.

„Du, Johannes, nimm doch Andreas mit und stellt euch hinten an die Wegbiegung. Wenn dann noch jemand kommt, dann könnt ihr die Leute aufhalten. Schickt sie weg. Sie sollen morgen wiederkommen.

Morgen ist auch noch ein Tag!"

„In Ordnung. Machen wir."

Die beiden gehen davon.

Endlich ist es ruhig und still.

Die Sonne scheint auf das Wasser des Sees.

Man hört nur ein paar Vögel zwitschern.

Jesus ist eingeschlafen.

Und gerade an diesem Tag haben die Mütter in dem Dorf am Seeufer beschlossen, dass sie ihre Kinder zu Jesus bringen wollen.

Die Kleinen tragen sie auf dem Arm oder sie ziehen sie in einem Wägelchen, die Größeren sind gut aufgelegt und rennen schon immer voraus.

Sie wollten schon immer wissen, warum dieser Jesus, von dem sie alle sprechen, so ein besonderer Mensch ist.

Er ist doch sicher nicht so wie die Prediger im Gottesdienst, wo man so still sein muss ...

„Jesus ist ganz anders", haben die Eltern mehr als einmal gesagt.

„Wie anders?"

„Schlecht zu beschreiben ... Ganz freundlich, ganz gut zu den Menschen."

„Zu Kindern auch?"

„Wir denken schon!"

Natürlich sind die Kinder gespannt, wie er wirklich ist, wenn sie kommen.

Der Weg dauert nun schon eine ganze Weile. Es ist warm.

Die Kinder reden miteinander, schreien herum, singen ab und zu, streiten sich ... wie Kinder eben sind. Es ist ziemlich lebhaft und sehr laut.

Dann sind sie fast da.

Als sie um die große Wegbiegung kommen, stehen da zwei Männer.

„Wer ist das?"

„Das sind zwei Freunde von Jesus."

„Warum schauen die so finster aus?"

„Keine Ahnung."

„Wir wollen Jesus sehen!", schreien die Kinder, „Jesus! Jesus! Jesus!"

Da werden die beiden Apostel böse.

„Hört auf, so herumzuschreien und so einen Lärm zu machen!"

Natürlich sind die Kinder nicht sofort ruhig.

„Ruhe!!!", sagt einer von den beiden ganz ärgerlich, „Jesus muss sich ausruhen!!! Ihr weckt ihn ja auf mit eurem Geschrei!"

Etwas unschlüssig stehen die Mütter und die Kinder herum, dann sagt eine Mutter:

„Wir sind extra hergekommen, damit unsere Kinder Jesus mal sehen können. Wir möchten, dass er sie segnet."

„Nein, ausgeschlossen! Heute wird das

Jesus und die Kinder

nichts mehr. Heute waren schon mehr als genug Leute da. Kommt morgen wieder."

„Nein, wir warten!"

„Haut bloß ab, sonst machen wir euch Beine!"

„Mama, warum lassen uns die bösen Männer nicht zu Jesus?", fragt ein kleiner Junge.

„Jesus ist ganz müde", sagt die Mutter, „und die Männer sind nicht böse, sie wollen nur, dass Jesus sich ausruhen kann."

„Aber ihr habt uns versprochen, wir könnten Jesus sehen!"

Auf einmal hören sie die Stimme von Jesus.

„Was ist denn da los? Warum gibt es da Streit?"

„Jesus, die Leute töten uns den letzten Nerv! Wir wollten dafür sorgen, dass du mal Ruhe hast, und ausgerechnet jetzt kommen ganz viele Mütter mit einer Horde von Kindern und die sind alles andere als leise."

„Lasst sie herkommen."

„Wirklich? Bist du sicher?"

„Ja."

„Also kommt schon! Jesus hat gesagt, ihr dürft kommen."

Da sind sie nicht mehr aufzuhalten und rennen das letzte Stück. Bis sie alle um ihn herum stehen oder sitzen und ihn anschauen.

„Wir wollten dir unsere Kinder bringen!", sagen die Mütter, „bitte, lege ihnen die Hände auf und segne sie."

Und Jesus lächelt, nimmt die Kleinsten in die Arme und drückt sie ganz fest, die größeren lächelt er an, legt ihnen die Hände auf den Kopf und segnet sie und die Kinder merken, dass Jesus wirklich anders ist als andere.

Sie fühlen sich so wohl in seiner Nähe, sie möchten gar nicht mehr weggehen.

Zu seinen Freunden und zu den Müttern sagt Jesus:

„Das eine sage ich euch. Ihr müsst so ehrlich und vertrauensvoll und offen werden wie die Kinder, denn sonst werdet ihr das Himmelreich nicht zu sehen kriegen."

Merkwürdig, Erwachsene sollen sich an Kindern ein Vorbild nehmen.

Aber, wie gesagt, bei Jesus ist alles anders als sonst.

30.2 Fantasiereise „Begegnung mit Jesus" (meditative Übung)

Setz dich ganz still hin, mach es dir bequem und versuche ruhig zu werden. Atme ein paarmal ganz tief und dann, mit dem letzten Atemzug atmest du alles aus, von dir weg, was dich bis jetzt bewegt hat …

Mach es dir noch ein wenig bequemer …

Nichts ist mehr wichtig. Du bist ganz ruhig …

Es kann sein, dass noch Gedanken durch deinen Kopf gehen, lass sie einfach vorüberziehen wie Wolken …

Nichts ist wichtig. Du hast ganz viel Zeit …

Ich möchte dich jetzt mitnehmen auf eine

Reise, auf eine Reise in das Land Israel, in dem Jesus aufgewachsen ist. –

Wir versetzen uns in die Zeit vor 2000 Jahren …

Wir sind angekommen.

Du spürst die weiche, warme Luft …

Es duftet ein wenig nach Orangenblüten …

Die Sonne scheint warm auf deine Haut …

Jetzt siehst du den See Gennesaret vor dir. Er leuchtet blau in der Morgensonne …

Du siehst ein paar Palmen und weiße, viereckige Häuser, ein kleines Dorf ...
Jetzt gehst du am Seeufer weiter, denn du möchtest heute Jesus sehen. Du weißt nicht, ob du es schaffen wirst, aber du möchtest ihn sehr gerne sehen und du gehst dahin, wo du in der Ferne eine Menschenmenge siehst ...

Der Weg ist schön und du genießt ihn richtig. Rechts von dir glitzert der See, links liegen kleine Felder.
Zwischen warmen schwarzen Steinen blühen rote Anemonen ...
Es gefällt dir sehr ...
Du hörst die Vögel zwitschern und hast fast Lust, selber zu singen ...

Jetzt bist du bei den vielen Menschen angekommen.
Du erkundigst dich, ob Jesus hier ist ...
Einer sagt: Da hinten steht er. Mitten in der Menschenmenge ...

Du denkst: Hoffentlich lassen mich die Menschen da durch, hoffentlich komme ich auch zu Jesus hin ...
Du atmest tief ein und aus, da gehen die Menschen zur Seite, es entsteht eine Gasse, durch die du Jesus schon sehen kannst ...

Du gehst auf ihn zu und siehst, wie er dich anlächelt ...

Jetzt stehst du vor ihm. Du hast gar keine Angst und bist ganz ruhig. Du überlegst dir, dass du ihm jetzt eine Frage stellen wirst, die du ihm schon immer stellen wolltest ...

Du stellst ihm die Frage ...

Jesus antwortet dir auf deine Frage. Was antwortet er dir? ...

Du sagst Jesus, dass du wieder zurück musst. Er sagt dir etwas zum Abschied, das nur du hören kannst. Niemand sonst kann es hören ...

Du passt genau auf, damit du das, was er sagt, nie vergisst ... ...

Jetzt verabschiedest du dich und sagst, dass du wiederkommen wirst. ...

Du bist ganz glücklich.
Du ruhst dich noch ein wenig am Seeufer aus und schaust übers Wasser.
Die Palmen geben dir Schatten. Du fühlst den leichten Wind ...

Jetzt kommst du ganz langsam wieder in unsere Gruppe/Klasse zurück. ...
Atme ein paarmal ganz tief ein und aus, dann streck dich und gähne wie eine Katze, die geschlafen hat und aufwacht.
Lass dir Zeit.
Wenn du dich genug gestreckt hast, holst du noch einen tiefen Atemzug.
Deine Augen sind auf und du bist wach und erfrischt.

In einer nicht zu großen Gruppe kann man, wenn man will, über das sprechen, was man erlebt hat.

Mögliche Fragen:
Wie fühlst du dich jetzt?
Hast du Jesus wirklich gesehen?
Hast du ihn gehört?
War es dir möglich, ihn etwas zu fragen?
Wie hat dir diese Fantasiereise gefallen?

Didaktische Hinweise

Hier handelt es sich um eine Fantasiereise, die sowohl im Anschluss an „Jesus segnet die Kinder" als auch zu anderen Zeiten im Unterricht eingesetzt werden kann.
Man kann sie mehr als einmal machen.
Es empfiehlt sich, kurze „Fantasiereisen" als meditative Einstiege oder zur Entspannung öfter zu machen.
Diese hier umfasst mit Auswertung eine Unterrichtseinheit.

31 Der barmherzige Samariter
Jesus erzählt ein Gleichnis

„Man soll anderen immer helfen", sagte die kleine Silvia zu ihrer Mutter.

„Man soll anderen Menschen immer helfen … Stimmt das, Mama?"

„Ja, das stimmt", sagte die Mutter, „man soll anderen Menschen helfen, wenn man kann."

„Allen?", fragte Silvia.

„Ja", sagte die Mutter.

„Und wenn es hunderttausend Millionen Menschen auf der Welt gibt, soll ich denen allen helfen?"

Jetzt musste Silvia lachen.

Die Mutter lachte auch.

„Nein, hunderttausend Millionen Menschen kannst du nicht helfen."

„Aber vielleicht hundert Millionen Menschen?"

„Nein, das geht auch nicht."

„Vielleicht tausend?"

„Das sind auch zu viele."

„Oder hundert? … Ach was, auch hundert Menschen kann ich nicht helfen. Das sind zu viele. Ich bin noch nicht groß und soo viel Geld für soo viel hungrige Kinder habe ich auch nicht. Nicht mal in meinem Sparschwein.

Nein, ich kann nicht allen helfen …"

„Stimmt", sagte die Mutter.

„Aber im Kindergottesdienst habe ich gehört, Jesus hätte gesagt, wir sollten unseren Nächsten lieben …

Wer ist denn das, mein Nächster?", fragte Silvia.

„Keine schlechte Frage!", sagte die Mutter, „genau das haben die Apostel Jesus auch gefragt."

„Haben die das auch nicht gewusst?"

„Anscheinend nicht."

„Waren die auch erst fünf Jahre alt wie ich?"

„Nein, die Apostel waren erwachsene Männer, das waren die zwölf besten Freunde von Jesus."

„Und die haben das nicht gewusst? Waren die dumm?"

„Nein, die waren nicht dumm, aber das haben sie auch nicht genau gewusst."

„Und hat Jesus ihnen gesagt, wer ihr Nächster ist? Jesus weiß doch immer alles."

„Ja, er hat es ihnen gesagt.

Er hat ihnen eine Geschichte erzählt.

Das hat er oft getan, wenn er wollte, dass seine Freunde etwas verstehen. Immer hat er ihnen eine Geschichte erzählt.

Ein Gleichnis.

Das ist wie ein Rätsel.

Eine Geschichte, bei der man am Ende raten muss, was gemeint ist. Das haben die Apostel gern gehabt, wenn sie sowas raten mussten. Jesus hat es auch immer so erzählt, dass sie es raten konnten."

„Kennst du die Geschichte, das Gleichnis, Mama?"

„Ja, kenn ich."

„Erzählst du's mir?"

„Gut."

Also.

Die Apostel wollten wissen, wer ihr Nächster ist.

„Passt auf", hat Jesus gesagt.

„Einmal ging ein Mann von Jerusalem nach Jericho.

(Das ist ein Weg durch Täler und Schluchten und Wüste. Das war ein gefährlicher Weg und damals gab's viele Räuber, die versteckten sich in den Schluchten und machten immer Überfälle …)

Unterwegs wurde der Mann von Räubern überfallen …

Mit wildem Geheul stürzten sie sich auf ihn,

schlugen ihn zusammen,

klauten alles, was er dabei hatte,

nahmen ihm die Tasche weg,

und ließen ihn blutüberströmt liegen.

„Jetzt muss ich sterben", dachte vielleicht der Mann.

Da näherten sich Schritte.
Ein Mann kam vorbei.
Der Mann war eilig.
Es war ein Priester.
Er musste in den Gottesdienst.
Die Leute im Tempel warteten schon alle auf ihn.
„O je", hat der Mann gedacht,
„wenn ich dem jetzt helfe, langt die Zeit nicht mehr.
Es kommt sicher ein anderer vorbei. Einer, der nicht schnell in den Gottesdienst muss. Der wird ihm sicher helfen, dem armen Mann."
Und er ging schnell weiter.

Aus den Wunden des Verletzten sickerte das Blut auf den Boden.
Da kamen wieder Schritte.
Das war ein Mesner. In Israel hieß das damals Levit.
Der schaute kurz zu dem Verletzten hin,
aber dann dachte er das Gleiche wie der Priester.
„Ich habe keine Zeit. Leider. Im Gottesdienst geht sonst alles drunter und drüber, wenn ich nicht da bin. Der Gottesdienst ist wichtiger als ein einzelner Mensch. Da loben wir Gott. Und Gott ist das allerwichtigste …"
Und schon ging er davon. Ganz eilig.

Der verletzte Mann lag immer noch da.
Da hörte man wieder etwas. Hufetrappeln.
Hufe von einem Esel.
Ein Mann saß darauf. Das war ein Ausländer.
Einer, den die anderen nicht so gerne hatten, weil er ein Ausländer war. (Samariter hießen die Ausländer damals in Israel … Unsere heute heißen Türken oder Asylanten oder sonst was …)
Der Samariter, der Ausländer, hielt seinen Esel an.
„Der arme Mann", sagte er.
Er ging zu dem Verletzten hin, wusch seine Wunden aus, tat Salbe drauf, verband sie, sagte: „Es wird schon alles gut, machen Sie sich keine Sorgen, ich helfe Ihnen!", und hob ihn auf seinen Esel.
Er hielt ihn fest, damit er nicht herunterfiel.
Er ging mit ihm in eine Herberge, eine Gastwirtschaft, die Zimmer vermietete, zog sein Geld aus der Tasche und sagte zu dem Wirt:
„Hast du ein schönes Zimmer für den Ver-

letzten? Den haben sie überfallen. Er hat kein Geld. Alles haben sie ihm geklaut.
Aber das macht nichts. Ich bezahle für ihn die Rechnung.
Er soll sich bei dir erholen. Gib ihm was Gutes zu essen, bis er wieder bei Kräften ist. Hier ist das Geld.
Und wenn es nicht reicht, bezahle ich es dir, wenn ich nächstes Mal wieder hier bin."
„In Ordnung!" hat der Wirt gesagt und alles so gemacht, wie es gewünscht wurde.
Und dann ist der Samariter, der Ausländer, wieder auf seinen Esel gestiegen und weiter geritten.

„So", hat Jesus zu seinen Freunden gesagt,
„das war die Geschichte. Jetzt geht's ans Raten!
Wer von den drei Männern, die bei dem Verletzten vorbeigekommen sind, war für den Verwundeten ein „Nächster"?!?
(war ihm *nah*!).
Da haben die Apostel gelacht.
„Ist doch ganz leicht. Der Samariter war's, der, der ihm geholfen hat."
„Richtig", hat Jesus gesagt,
„und jetzt wisst ihr's. *Der, der gerade da ist und eure Hilfe braucht, der ist euer Nächster.*"

„Das Gleichnis, das Rätsel, war nicht so schwer zu raten", sagte Silvia.
Und als die Mutter später sagte: „Könntest du mal eben auf dein Brüderchen aufpassen?", da dachte Silvia:
„Der ist zwar nicht von Räubern überfallen worden, aber ich pass gerne auf ihn auf."
Und am Nachmittag half sie der Mama beim Abtrocknen.
Und die Blumen hat sie auch noch gegossen und die Katze gefüttert und ihr Zimmer aufgeräumt.
Und am Abend, als sie schlafen ging, hat sie sich ganz toll gefühlt.
Mindestens so toll wie der Ausländer, der Samariter mit dem Esel, nach seiner guten Tat.
Beim Einschlafen hat sie gemurmelt: „Ich muss ja gar nicht hunderttausend Millionen Leuten helfen …" und sie hat ihren Teddy in den Arm genommen und gesagt: „Und jetzt bist du mein Nächster."
„Du alter Räuber!"
Dabei hat sie gelacht.

„Helft einander!", sagt Jesus.
„Nehmt euch ein Beispiel am
barmherzigen Samariter!"

Didaktische Hinweise

Der „barmherzige Samariter" erscheint hier als Rahmengeschichte.

Dadurch wird den Kindern klar, dass Jesus hier ein *Gleichnis* erzählt hat, etwas wie ein „Rätsel".

Schon die Apostel mussten lernen, wer ihr „Nächster" ist, hier lernen es die Kinder zusammen mit der kleinen Silvia.

(Einsicht für den Lehrer: Es geht *nicht* darum, zu zeigen, dass ausgerechnet Priester und Levit besonders „hartherzig" sind.

Die damaligen Zuhörer wussten, dass der Gottesdienst wichtig war; die blutigen Wunden des Verletzten zu behandeln, bedeutete, kultisch für den Gottesdienst unrein werden. Auch heute könnte das ein Konflikt sein. Etwa: Was ist wichtiger, Kirchenrecht oder Nächstenliebe – Zulassung geschiedener Wiederverheirateter zu den Sakramenten …?

Bild ausmalen lassen.

32 Die krumme Frau wird von Jesus geheilt

Ein kleines Mädchen lebte in einer Stadt in Galiläa.

Es konnte singen und springen und lachen und sehen und hören und laufen und mit den Händen greifen.

Lauter Dinge, die selbstverständlich sind, wenn man gesund ist.

Aber dann wurde das Mädchen krank. Der Rücken tat ihr weh.

Sie wurde krumm. Jeden Tag ein bisschen mehr.

Zuerst hat sie den Himmel nicht mehr sehen können, die Sonne, den Mond und die Sterne.

Dann konnte sie die Spitzen der Bäume nicht mehr sehen und auch nicht mehr die Vogelnester und die Vögel in den Ästen.

Nur die Baumstämme sah sie noch und die Sträucher.

Immer krummer wurde sie.

Am Ende sah sie auch die Sträucher nicht mehr und die Maisfelder, nur noch das Gras oder die Erde, über die sie lief.

Wenn jemand „Grüß dich" zu ihr sagte, dann konnte sie den Kopf nicht mehr heben. Sie konnte ja die Leute nicht mehr sehen.

Da konnten andere Grimassen schneiden und ihr Schimpfworte nachrufen, sie wusste nie, wer es gewesen war.

Sie wurde verspottet.

„Da kommt die Krumme!", riefen sie, wenn sie über die Straße kam.

Sie wurde ein junges Mädchen.

Niemand interessierte sich für sie. Niemand verliebte sich in sie. Kein junger Mann wollte sie zur Frau haben. Was soll man mit einer krummen Frau schon machen! –

Sie war ganz allein.

Ihre Eltern starben, Freunde hatte sie nicht.

Ihr einziger Freund war Gott.

Mit dem konnte sie reden. Immer, wenn sie wollte.

„Der versteht mich", dachte sie und sie ging oft in den Gottesdienst.

Aber sie kam immer als letzte, wenn schon alle da waren.

Ganz schnell ging sie herein und setzte sich ganz hinten hin.

„Dann sieht mich niemand, dann lacht niemand über mich", dachte sie vielleicht, „und der liebe Gott sieht mich auch hinten in der Ecke!"

Sie hörte immer aufmerksam zu.

Singen konnte sie natürlich auch, aber man kann nicht besonders gut singen, wenn man krumm ist.

Eines Tages war ein anderer Prediger da. Das merkte sie gleich.

Sie merkte es an der Stimme.

Sie merkte, dass das ein ganz liebevoller und freundlicher Mensch war, der heute die Predigt hielt. Der schien die Menschen zu mögen. Sie fühlte sich ganz wohl, wenn sie ihm so zuhörte.

Was sie nicht wusste, dieser Mann hatte am Anfang des Gottesdienstes lange und voller Mitleid zu ihr hingeschaut.

So, als könnte er ihren Kummer verstehen. –

„Der predigt so schön", dachte die krumme Frau, „dass ich fast meinen Kummer und meine Krankheit vergesse, die nun schon 18 Jahre andauert. Irgendwie tut es mir heute gar nicht so weh, dass die Menschen sagen, ich bin ein Krüppel und mit mir wollen sie nichts zu tun haben…"
Sie hörte wieder dem Prediger zu.

„Es kommt die Zeit", sagte er, „da wird alles gut. Da werden die Allerärmsten fröhlich sein und die sich elend fühlen, werden kräftig und gesund und was krumm ist, wird gerade!"
Was hatte die krumme Frau eben gehört?!?
Hatte sie das richtig verstanden???
„Was krumm ist, kann gerade werden???… Ach, sowas gibt es ja nicht!
Sowas kann ich nicht glauben. Ich muss es wissen. Ich bin schon 18 Jahre krumm!"
Jemand aus der hintersten Reihe stieß sie an. Zuerst merkte sie es nicht. Er stieß fester.
„He, krumme Frau, du bist gemeint!"
Sie wurde aufgeregt.
„Was ist denn los?! Lasst mich in Ruhe, ich hab euch doch nichts getan!"
Da hörte sie selber die freundliche Stimme des Predigers: „Komm her zu mir!"
Die Gedanken jagten durch ihren Kopf.
„Was, ich soll nach vorne kommen? Zwischen all den Leuten durch?
Das kann ich nicht. Ich schäme mich doch so…
Aber die Stimme war so freundlich.
Vielleicht sagt er etwas Freundliches zu mir???
Ich habe so lange nichts Freundliches mehr gehört.
Alle verspotten mich immer…
Ach, ich trau mich einfach. Ich gehe nach vorne. Mir ist jetzt alles egal. Er hat mich ja gerufen…"

Und wie sie war, krumm und ängstlich und schüchtern stand sie auf und ging nach vorne.
Sie blieb vor dem Mann stehen.
Sie sah nur ein Stück von seinem Gewand und die Sandalen.
Sie fing an zu weinen.
Ihre Tränen tropften auf den Boden.
Eine freundliche sanfte Hand legte sich auf ihren Rücken.

Da musste sie noch mehr weinen, weil jemand so gut zu ihr war.
Der Mann sagte: „Du sollst von deiner Krankheit geheilt werden."
„Was hatte er gesagt?!?" Während sie überlegte, spürte sie wieder seine Hände auf ihren Schultern und sie versuchte sich aufzurichten. Es ging! Sie richtete sich auf, so dass alle es sehen konnten, bis sie kerzengerade dastand.
Sie schaute dem Mann ins Gesicht. Es war ein ganz liebes freundliches Gesicht. Es war das Gesicht von Jesus.
Wahrscheinlich hat sie wieder geweint, aber diesmal aus Freude.

„Schaut euch das an", schrien die Gottesdienstbesucher, „schaut euch die krumme Frau an, die ist überhaupt nicht mehr krumm!!!
Sie ist genau so gerade wie wir! Jesus hat sie geheilt!"
„Bravo!!!", riefen die Freunde und Sympathisanten von Jesus und klatschten. „Halleluja", schrien sie, „Gott sei gelobt!"

Ein paar aber fingen an zu meckern.
„Der Gottesdienst an einem Feiertag ist nicht zum Kranke-Heilen da, da sollte man nur singen und beten."
„Wir finden das nicht richtig!", riefen sie Jesus zu.
Aber Jesus lachte und sagte: „Ich finde das doch richtig."

Die Frau bedankte sich und war so froh, als hätte sie sechs Richtige im Lotto gewonnen.
Vielleicht hat sie Jesus und seine Freunde zum Mittagessen mit nach Hause genommen und ihnen etwas ganz ganz Tolles gekocht. –

Didaktische Hinweise

Da bei dieser Geschichte von dem Kind ausgegangen wird, dessen Krankwerden man miterlebt, können die Kinder sich auch intensiver über die Heilung freuen.
Unbedingt spielen!
Selber malen lassen!

33 Der Mann mit der verdorrten Hand – Es gibt Streit mit den Pharisäern

Wenn einem jemand sagen würde: Du hast 100 000 DM im Lotto gewonnen, dann würde man sich freuen.
Das wäre eine richtige „frohe Botschaft" für unsere Ohren.

Für einen Mann, der zum Beispiel in einem Gefängnis sitzt, könnte so eine „frohe Botschaft" lauten: „Du bist frei, du bist kein Gefangener mehr!"

Manchmal ist jemand unheilbar krank. Wenn ihm dann ein Arzt sagt: „Es gibt jetzt eine Medizin für dich, du kannst gesund werden!", dann ist das diesem Menschen mehr wert als alles Andere auf der Welt.

Jesus war jemand, der schon vielen Menschen solche „frohen Botschaften" gebracht hatte.

„Du bist gesund!", hatte er oft gesagt, oder: „Du bist jetzt frei von der Fessel deiner Sünde. Du kannst ein ganz neues glückliches Leben beginnen!"
Er verkündigte auch noch eine andere Freiheit.
Die Freiheit aus dem „Gefängnis" der Vorurteile, der Ängstlichkeit, der kleinlichen Auslegung von Gottes Geboten.

Schon damals gab es Menschen, die beschäftigten sich den ganzen Tag mit nichts Anderem als mit der Heiligen Schrift und mit den Geboten Gottes. Gott und seine Gebote waren ihnen sehr wichtig. Das ist eigentlich etwas Gutes.
Aber daraus kann dann etwas Schlechtes werden, wenn man andere verachtet, die das nicht tun.
Bei dem Wunsch, jedes Gebot Gottes immer und zu jeder Zeit zu erfüllen, bei dem Wunsch, immer alles richtig zu machen, kann man kleinlich werden, richtig „verbissen".
So wurden Gottes Gebote, die den Menschen eine Hilfe sein sollten, für manche von ihnen so etwas wie eine „Fessel", wie eine schwere Eisenkugel, die ein Gefangener an einer eisernen Kette hinter sich herschleppt.
Davon abgesehen waren sie fromm und gottesfürchtig.
Theologen waren sie und sie hießen damals „Pharisäer".

„Gottes Söhne und Töchter sollen frei und glücklich leben!", dachte sich Jesus. „Sie sollen keine Fesseln tragen."
Beim Sabbatgottesdienst in der Synagoge wollte er es ihnen so begreiflich machen, dass sie das auch verstehen konnten.

Viele Leute waren da und auch viele von diesen Pharisäern, die man mit kleinlich und pingelig bezeichnen konnte.
(Solche Leute gibt es überall.
Die gibt es unter uns und die gab es damals eben auch schon.)
Sie wussten schon, dass Jesus anders mit Gottes Geboten umging als sie selber.
Jesus sagte nicht: „Die Gebote sind überflüssig",
nein, er ging nur anders mit ihnen um, eben freier.
Das machte sie misstrauisch.

Bei diesem Gottesdienst beobachteten sie, dass Jesus einen Mann mit einer verkrüppelten Hand zu sich nach vorne holte.
„Was hat er vor?", fragten sie sich, „warum tut er das?"
Jesus schaute sie an und fragte sie:
„Soll man am Sabbat Gutes tun oder Böses?
Ist es erlaubt eine Krankheit zu heilen, auch wenn der Kranke nicht in Lebensgefahr ist?
(Wenn jemand in Lebensgefahr war, durfte man ihm natürlich helfen.
Sonst nicht. Sonst musste man das auf den Wochentag verschieben.
Der Sabbat war für Gott da.)

100

Jesus sprach weiter:

Es stimmt, die Gebote sind wichtig, aber die sollen uns doch nicht unterdrücken, sondern unser Leben glücklich machen."

Er bemerkte die misstrauischen Blicke und das Stirnrunzeln seiner Gegner.

Er hätte es ihnen so gerne klar gemacht, was er ihnen mitteilen wollte: „Gott liebt euch, ihr braucht nicht kleinlich und ängstlich zu sein. Ihr seid *frei*!"

Sie schwiegen.

Eine Pause entstand.

Alle schauten Jesus an.

Der wandte sich wieder dem Mann zu, der die kranke Hand hatte.

„Streck deine Hand aus!", sagte er.

Der tat es und war gesund.

Alle Finger konnte er bewegen und sein Herz hat sicher vor Freude einen Luftsprung gemacht.

Jesus schaute noch immer die Pharisäer an. Nachdenklich.

„Jetzt habe ich es ihnen praktisch gezeigt, was wichtiger ist!

Wenn sie doch nur mit sich reden ließen! Sie würden erkennen, was ich meine, sie könnten wirklich „frei" werden, meine Botschaft könnte auch für sie eine „frohe Botschaft" sein!"

Nichts.

Sie wollten nicht. Sie sprachen nicht. Sie ärgerten sich, sie waren wütend.

„So einer", sagten sie untereinander, „uns will er belehren… der hat uns gerade noch gefehlt! …Der bringt ja alles durcheinander! …Der stiftet Unruhe! …Weg mit ihm!"

Und dann berieten sie sogar, wie man das am besten tun könnte.

Sie hatten die „frohe Botschaft" nicht verstanden.

Sie waren keine Freunde von Jesus.

Sie waren seine Feinde.

Didaktische Hinweise

Hier erleben die Kinder zum zweiten Mal, dass Jesus nicht nur Freunde hat, ja, dass er Dinge tut, die die anderen so ärgern, dass sie ihn beseitigt haben möchten. (Sonst wäre es nicht logisch, dass sein Leben mit dem gewaltsamen Tod am Kreuz endet. Und theologische Diskussionen haben ja für die Grundschüler bisher keine Rolle gespielt. Für sie ist wichtig, dass sie Jesus kennen- und lieben lernen. Tod und Auferstehung gehören aber dazu.)

Diese Stunde ist sozusagen die „Einleitung" und „Hinführung".

Ausmalen lassen!

34 Jesus wird „verklärt" und bereitet seine Freunde darauf vor, dass er sterben muss

Jesus wollte seine Freunde langsam auf das vorbereiten, was kommen würde. Er wusste schon, dass er bald sterben würde.
Sie sollten keine Angst haben.
Mut sollten sie haben und Kraft und sich an etwas Schönes erinnern. An etwas Außergewöhnliches.
Und so sagte er eines Tages, als sie unterwegs waren, ganz beiläufig: „Wir müssen jetzt bald nach Jerusalem gehen."
„Ja, natürlich", sagte Petrus, „wir feiern ja bald Pessach, das Paschafest. Da machen wir doch wieder die Wallfahrt nach Jerusalem."
„Diesmal gehen wir aber noch aus einem anderen Grund."
„Aus einem anderen Grund??? Aus welchem anderen Grund?"
Jesus war still und antwortete nicht.
Er war ganz in Gedanken versunken.
„Ach, er wird's uns schon sagen, wenn es soweit ist", dachte Petrus und machte sich weiter keine Gedanken.

Sie waren alle schon mit dem Vorbereiten der Reise beschäftigt. Taschen packen, Kleider zum Wechseln, ein Festgewand einpacken (das jüdische Osterfest ist so schön wie bei uns Weihnachten! Klar, das man da, wenn man feiert, das Schönste anzieht, was man hat.).
Dann nahmen sie ihre Stöcke und machten sich eines Morgens nach dem Frühstück auf den Weg. Sie gingen über Hügel und Täler von Galiläa und kamen auf den Berg Tabor zu. Das ist ein Berg, der sich mitten in der Landschaft erhebt und von da oben hat man einen herrlichen Ausblick über das ganze umliegende Land. Bis zum Karmelgebirge sieht man und auch Nazaret kann man erkennen.
Sie kamen am Fuß des ziemlich steilen Berges an.
„Ganz schön hoch und steil!"
„Es geht."

„Ich würde gerne hinaufsteigen", sagte Jesus und schaute nach oben.
„Warum möchtest du jetzt unbedingt auf den Berg?
Wegen der schönen Aussicht?"
„Na ja, … deswegen auch."
Die Freunde, die Apostel hatten das Gefühl, dass mit Jesus in der letzten Zeit irgendetwas anders war als sonst.
So Andeutungen …
Und jetzt … wozu sonst sollte man auf einen Berg steigen als die schöne Aussicht zu genießen!
Aber dann fiel ihnen noch ein: Jesus liebte ja die Berge, um nach oben zu steigen und zu beten. Das hatte er schon oft getan.
Vielleicht wollte er auch dieses Mal da oben die Ruhe genießen und Gott, seinem Vater, ganz nahe sein und beten.
Sie verspürten aber nicht besonders große Lust, jetzt da hinaufzuklettern.
„Ihr könnt euch hier unten im Schatten der Bäume ausruhen", sagte Jesus. „Ich hatte mir gedacht, ich wollte nur Petrus, Jakobus und Johannes mitnehmen." Wenn Jesus jemand aussuchte, dann nahm er meistens die drei: Johannes, seinen Lieblingsjünger, Jakobus, seinen Cousin, und Petrus, den Anführer der Gruppe, der am meisten und am lautesten redete. Jesus mochte sie alle, aber die drei standen irgendwie seinem Herzen am nächsten.
Die anderen waren sehr zufrieden und bereiteten sich ein gemütliches Lager im Schatten eines Baumes vor.
„Unsere Sachen lassen wir hier. Wir nehmen nur die Stöcke mit.
Passt auf unsere Taschen auf!"
„Machen wir. Geht nur."
Der Aufstieg war wirklich anstrengend und dauerte über eine Stunde.
Dafür konnten sie von oben die herrliche Aussicht genießen.
Dann sagte Jesus: „Ich möchte ein wenig beten."

Die drei nickten und waren ganz still.

Sie kannten das schon.

Jesus hob die Hände hoch und betete.

Da passierte etwas ganz Ungewöhnliches. Er sah plötzlich ganz hell aus, so als strahlte er, als sei er aus Licht, als stünde er mitten in der Sonne. Sein Gewand leuchtete weiß wie frisch gefallener Schnee. Auch sein Gesicht leuchtete. Das Licht wurde heller.

Jetzt bekamen die drei Angst.

„Was bedeutet das??? Was passiert da mit Jesus???

Das blendet ja richtig!"

Sie kauerten sich auf den Boden und zogen die Köpfe ein.

Sicher ist sicher.

Die Augen bedeckten sie mit den Händen (wie ein Kind, das sich beim Gewitter die Decke über den Kopf zieht ...)

„Was passiert denn da???"

Dann hörten sie Jesus sprechen. Aber er sprach nicht mit ihnen.

Sie hörten noch andere Stimmen.

Waren denn noch andere Menschen hier oben? Sie waren vorher doch ganz allein gewesen! –

Petrus war neugierig.

Vorsichtig nahm er die Hand von den Augen, um zu sehen, was da los war. Er schaute zu Jesus hin und traute seinen Augen nicht.

Da waren zwei Männer bei ihm. Die standen auch in dem hellen Licht.

Petrus wusste, ohne dass er fragen musste, dass das zwei Propheten waren, die vor langer, langer Zeit gelebt hatten. Der eine war Mose, der das Volk in die Freiheit geführt hatte, der andere war der Prophet Elija, der, der sein ganzes Leben lang dafür gekämpft hatte, dass die Menschen an Gott glauben sollten.

(Zwischen ihnen und Jesus gab es eine Ähnlichkeit.

Auch Jesus brachte den Menschen die Freiheit und auch ihm war das Allerwichtigste, dass alle an Gott, ihren Vater im Himmel, glauben sollten.)

Und das alles war ein Zeichen dafür, dass zwischen Himmel und Erde eine Verbindung besteht, dass eine Verbindung besteht zwischen denen, die schon bei Gott sind, und denen, die noch auf der Erde leben.

Aber das konnte Petrus nicht begreifen in diesem Augenblick.

Er war durcheinander.

Aber total.

Guten Willen hatte er, wie immer.

Darum machte er diesen verrückten Vorschlag:

„Jesus, lass uns doch hier bleiben! Wir können doch drei Hütten bauen, dir eine und dem Mose eine und dem Elija eine... oder? Meinst du nicht? ..."

„Ach Petrus", sagte Jesus jetzt, „sei ruhig. Du weisst ja gar nicht, was du redest."

Damit hatte er Recht.

Aber als Petrus noch „Wieso nicht?" fragen wollte, da waren die beiden anderen weg und das Licht war weg und alles sah so normal aus wie vorher.

„Kommt", sagte Jesus, „steht auf, wir machen uns langsam wieder an den Abstieg. Wir gehen zu den anderen hinunter."

Alle drei rieben sich die Augen und haben nicht begreifen können, was Jesus ihnen da gezeigt hatte.

Sie haben auch nicht verstanden, dass Jesus ihnen Mut und Kraft geben wollte, sie auf etwas vorbereiten wollte.

Als sie ein Stück gegangen waren, sagte Jesus: „Ich muss euch was sagen: Bald werde ich gefangen genommen und dann getötet. Schon bald, wenn wir in Jerusalem sind. Ihr dürft dann nicht verzweifeln. Ihr müsst daran denken, dass es noch andere Sachen gibt als die, die man normalerweise so sieht. Denkt an das, was ihr eben gesehen habt."

Petrus hörte gar nicht richtig zu. Er hatte nur aufgeschnappt: „getötet ..."

„Wer würde getötet? Jesus???"

Da platzte ihm aber der Kragen.

Ganz laut schrie er: „Jesus, wie kannst du nur so etwas sagen! Niemand wird dich töten! Niemand darf dich töten! Wenn, dann nur über meine Leiche!!! Solange ich lebe, Jesus, solange du mich als Freund hast, krümmt dir niemand ein Haar!"

„Petrus! ..."

„Ja, ich meine es ernst, Jesus. Jeder von uns würde dich verteidigen. Aber ganz davon abgesehen, ich glaube nicht, dass man dich überhaupt umbringen würde. Wieso denn?"

Jesus schaute ganz traurig aus.

Er seufzte. „Wenn du wüsstest ... Alle werdet ihr mich verlassen!"

„Niemals!", schrie Petrus,
„und selbst wenn alle anderen elf dich verlassen würden, ich würde dich niemals im Stich lassen. Ich nicht!"

„Petrus", sagte Jesus, „glaub mir, auch du wirst mich im Stich lassen. Noch ehe der Hahn zweimal kräht, wirst du mich dreimal verleugnet haben."

(Jemand verleugnen, das heißt, jemand sagt über seinen Bruder oder seinen Freund: Den kenn ich gar nicht. Mit dem habe ich gar nichts zu tun.)

Petrus war schrecklich aufgeregt.

„Jesus, warum sagst du solche Sachen! Ich bin ganz fertig!"

Jesus legte den Arm um seine Schultern und beruhigte ihn.

„Du brauchst dich nicht aufzuregen. Ich weiß schon, was alles geschehen wird. Und für dich habe ich schon gebetet."

Petrus sah Jesus immer noch verständnislos an.

Das alles ging nicht in seinen Kopf.

Dann sagte einer: „Dürfen wir das den anderen erzählen, was wir oben auf dem Berg mit dir erlebt haben?"

„Nein." Jesus schüttelte den Kopf.

„Ich möchte nur, dass ihr euch daran erinnert, wenn ihr mal ganz traurig seid und wenn ihr meint, ihr könntet ganz und gar nichts mehr begreifen …"

Und so sagten die drei den anderen nichts.

Aber sie waren stiller als sonst.

Viel viel später, als Jesus gekreuzigt und aus dem Grab auferstanden war und als sie als Missionare durch die Welt zogen, da haben sie sich daran erinnert und es den Menschen erzählt.

Da begriffen sie auch, dass Jesus sie mit seinem „Verklärtsein" auf dem Berg noch einmal hatte trösten wollen. Er wollte ihnen zeigen: „Vom Himmel bin ich zu euch gekommen. Es hat alles einen Sinn. Und eines Tages werdet ihr mit mir zusammen im Himmel sein und mit mir sprechen können, so wie Mose und Elija."

Und weil Jesus damals so hell und klar ausgesehen hatte, weil so ein Leuchten von ihm ausgegangen war, nannten sie das „die *Verklärung Jesu*".

Didaktische Hinweise

Der Lehrervortrag steht im Mittelpunkt der Stunde. Unterrichtsgespräch über die Bedeutung von Mose und Elija und wie sich in Jesus nicht nur die Anliegen beider vereinen, sondern dass er in Verbindung „mit der jenseitigen Welt, den längst verstorbenen Propheten des Alten Bundes steht".

Mose steht dafür: „Vertraut auf Gott, er führt euch in die Freiheit!"

Elija: „Außer Gott gibt es keinen Gott! Setzt keine Götzen an seine Stelle!"

Ausmalen lassen!

Die Verklärung Jesu

35 Jesus zieht in Jerusalem ein

Jerusalem war eine große Stadt mit vielen Häusern.
Jerusalem war die Hauptstadt von Israel.
So wie Berlin die Hauptstadt von Deutschland ist.
Jerusalem war aber nicht nur die Hauptstadt, nein,
Jerusalem war auch die Heilige Stadt.
Da stand der schöne Tempel aus weißem Marmor.

Schon als Jesus ein Baby war, ist er in den Tempel gebracht worden. Damit er Gott gehörte.
(Als ihr Babys wart, seid ihr auch in ein Gotteshaus gebracht worden. Das hieß nicht Tempel, sondern Kirche. Da seid ihr getauft worden, damit ihr auch Gott gehört und er euch segnet.)

Und dann ist Jesus zwölf Jahre alt gewesen und war wieder zusammen mit seinen Eltern in Jerusalem. Das war anstrengend.
Aber das machte ihnen nichts.
Weil Jerusalem so heilig war. Und so schön.

Dann war Jesus jedes Jahr zum Osterfest in Jerusalem. Mit seinen Freunden zusammen.
Auch dieses Jahr war es wieder soweit.
Die Reise war fast schon zu Ende.
In Betanien waren sie angekommen, dem kleinen Dorf auf dem Hügel.
Von da aus konnte man die heilige Stadt in der Sonne liegen sehen.
Auf dieser Reise war Jesus still gewesen.
Viel stiller als sonst.
Er wusste genau: „Bald passiert etwas Schlimmes!"
Und wenn man traurig ist, dann ist das so, als wenn man keine Kraft hätte.
Das wisst ihr auch!
Und so saß Jesus in dem kleinen Dorf ganz erschöpft am Brunnen.
Den ganzen Weg waren sie zu Fuß gekommen.
Natürlich wären sie gerne geritten und es gab auch Pferde im Land, aber auf Pferden durften nur die römischen Soldaten reiten.

Kein anderer Mensch aus Israel.
„Ach, Jesus", seufzte Petrus, „wenn wir wenigstens einen Esel für dich hätten!"
„Ja", sagte Jesus, „ein Esel wäre gut. Dann brauchte ich wenigstens das letzte Stück nicht mehr zu laufen …"
Und dann: „Zwei von euch könnten doch mal schnell in die Stadt gehen mir einen Esel holen!"
„Einen Esel holen??? Wo denn?"
„Dort hinten, in der Stadt, in Jerusalem."
„Aber Jesus, *wo* sollen wir denn einen Esel herbekommen?!
Vielleicht kaufen? Wir haben doch gar kein Geld!"
„Nein", sagte Jesus, „nicht kaufen. Ich brauche ihn ja nur, um heute Nachmittag in die Stadt hineinzureiten, das letzte Stück, weil ich doch so müde bin. Hinterher brauche ich ihn ja nicht mehr."
„Und wo sollen wir ihn herholen???"
„Passt auf: Da ist eine Gasse mit einem Haus und die ist da und da (Jesus beschrieb ihnen den Weg genau) und da steht eine *Eselin* angebunden mit ihrem *Jungen*. Die könnt ihr mir holen."
„Sollen wir den Esel stehlen?"
„Nein, natürlich nicht!"
„Aber was sollen wir dem Besitzer sagen? Wir können doch nicht einfach einen Esel losbinden und mitnehmen, dann denken doch die Leute, wir sind Räuber und Diebe."
„Nein, das denken sie nicht. Wenn ihr da ankommt, wo die Eselin und ihr Kind stehen, dann wird ein Mann aus dem Haus kommen und euch fragen, wofür ihr den Esel braucht, und dann sagt einfach: „Der Herr braucht ihn." Und dann wird er euch erlauben, dass ihr die Esel mitnehmt."
„Wirklich?"
„Wirklich!"

Komisch, dass Jesus das wusste mit der Eselin und ihrem Jungen! – Aber Jesus wusste ja immer mehr als andere und er konnte auch mehr als andere.
Also gingen zwei Jünger los.

Gingen durch das Stadttor, suchten die Straße, fanden sie und siehe da, sie fanden die Eselin und das Junge.

Genau wie Jesus gesagt hatte.

Vorsichtig fingen sie an, den Esel loszubinden.

Da kam ein Mann aus dem Haus.

„Wofür braucht ihr die Eselin?"

Was hatte Jesus noch gesagt?... Hmm... Ähmm... Stotter... Hust... Ähmm..." Dann fiel es ihnen wieder ein, was sie sagen sollten: „Der Herr braucht sie!"

Es war ihnen ganz mulmig zumute.

Das wäre gar nicht nötig gewesen, denn der Mann lächelte sie ganz freundlich an und sagte: „Nehmt sie nur."

Damit ging er wieder in sein Haus zurück.

„Sowas!", dachten die beiden Jünger und banden die beiden Esel, den großen und den kleinen, los.

Und so kamen sie zu Jesus.

Der streichelte die Esel.

Dann legte Petrus seinen Mantel auf den Rücken der Eselin, damit Jesus weich saß beim Reiten, und so zogen sie nach Jerusalem ein.

Da passierte wieder etwas Merkwürdiges.

Die Leute stellten sich an den Straßenrand, winkten Jesus zu, mit Zweigen in den Händen, und sagten untereinander: „Schaut, das ist unser neuer König! Der befreit uns von den Römern!"

Für einen König legt man einen roten Teppich auf den Boden.

Den hatten sie nicht.

Da nahmen sie ihre Mäntel und Jacken und breiteten sie auf der Straße aus, so dass Jesus wie auf einem Teppich darüberreiten konnte.

„Hosianna!", schrieen die Leute, „Gelobt sei, der da kommt im Namen des Herrn!" Und sie winkten wie verrückt.

Sie wussten noch nicht, dass Jesus ein anderer König war, keiner, der mit Schwertern und Lanzen gegen fremde Soldaten kämpft.

Jesus wusste es.

Er war traurig.

Man ist immer traurig, wenn die anderen einen nicht richtig verstehen.

Didaktische Hinweise

Mit diesen Geschichten bis zum Palmsonntag warten. Wenn in der Karwoche schon Ferien sind, dann vorverlegen.

Die Anknüpfung von der Geschichte zur Palmsonntagsprozession ist einsichtig.

Auf dem Bild wird der auf dem Esel reitende Jesus durch die Kinder ergänzt durch Menschen und Kleider auf dem Boden.

Passende Lieder singen.

Jesus reitet in Jerusalem ein

36 Jesus feiert mit seinen Freunden das letzte Abendmahl

Es ist schön, mit Jesus unterwegs zu sein.
Es ist schön zu sehen, wie Jesus ein krankes Kind wieder gesund macht.
Es ist schön, dabei zu sein, wenn ein Mann durch ein Dach kommt, mit Seilen runtergelassen, und wenn der dann gesund wird und sein Bett selber nach Hause tragen kann.
Es ist schön, mit Jesus zu sprechen.
Es ist schön, wenn man traurig ist und Jesus einem die Hand auf den Kopf legt.
Es ist schön, in der Sonne zu sitzen und Jesus zuzuhören.
Und es ist ganz schön, mit Jesus Boot zu fahren, wenn es warm ist, und mit ihm zu lachen und zu singen.
Alles ist schön. Die Freunde von Jesus mögen das.
Aber das Aller-Allerschönste, was man sich vorstellen kann, das ist, mit Jesus ein Fest zu feiern.
Alles, was bei uns zu einem schönen Fest gehört, ist dabei.
Blumen und Kerzen und eine schöne Tischdecke und Musik und Lachen und Getränke und gutes Essen, vielleicht sogar das Lieblingsessen von einem.
Die Apostel, die Freunde von Jesus, feiern furchtbar gerne mit ihm.
Die Feste von Jesus sind berühmt im ganzen Land.
Jesus hat immer viele viele Leute eingeladen.
Manchmal sogar Landstreicher und Gauner.
Denen hat es immer so gut gefallen, dass sie hinterher gesagt haben: „Von jetzt an bin ich ein guter Mensch."

Jetzt ist Jesus in Jerusalem.
Sie wollen das Osterfest, das damals Pessach (Pascha-Fest) hieß, hier feiern. Sie wollen singen und beten und an den Auszug aus Ägypten denken und daran, dass Gott will, dass alle Menschen frei sind. Zur Erinnerung daran essen sie an diesem Fest immer das dünne weiße Brot, ohne Hefe und ohne Sauerteig gebacken, das die Leute damals in der Wüste gegessen haben.
Zur Erinnerung daran essen sie das.
Jedes Jahr.

Petrus hat gesagt: „Ich sorge dafür, dass wir einen schönen Saal bekommen, mit einem großen Tisch für alle leckeren Sachen. Und Blumen und Kerzen natürlich."
„Das ist gut", hat Jesus gesagt, „das wird diesmal ein besonderes Fest."
„Jesus", haben die Apostel gesagt, „die Feste mit dir sind immer besonders! Besonders schön. Es gibt überhaupt nichts Schöneres!"
Aber Jesus hat sie angeschaut und gesagt: „Es ist das letzte Mal, dass ich mit euch feiere."
Die Freunde von Jesus haben gar nicht gewusst, wie er das meint und gesagt: „Sag doch sowas nicht!"

Und dann ist es Abend und sie sitzen alle beieinander.
Das dünne weiße knusprige Brot liegt auf dem Tisch. Ein Riesenteller voll. Und Braten und Soße und Salat und noch andere Sachen. Wein steht da auch. Roter Wein. Im silbernen Becher.

Jesus nimmt das Brot in die Hand. Alle schauen zu ihm hin.
Er bricht das Brot durch und sagt: *„Das bin ich!"*
Die Apostel wissen sofort, was er meint. Er wird sterben. Man ist ja schon lange hinter ihm her. Sie werden ihn töten.
Aber Jesus sagt: „Seid nicht traurig, das geschieht für euch und für alle Menschen auf der Welt. Ich tu's freiwillig. Aus Liebe."
Und er gibt allen ein kleines Stück von dem dünnen weißen Brot. Und sie denken: „Er hat gesagt: Das bin ich ... Er ist das Brot ..."
Richtig verstehen tun sie das nicht.

Jesus feiert mit seinen Freunden das letzte Abendmahl

Aber sie essen mit ihm das Brot.

Und dann nimmt er den Becher mit Wein in die Hand, mit dem roten Wein, der die Farbe von Blut hat.

Er schaut in den Becher und sagt: „Das bin ich auch. Mein Blut wird vergossen werden …"

Die Freunde sagen gar nichts. Sie trinken von dem Wein. Sie sind traurig.

Aber Jesus muntert sie wieder auf.

So ein Fest werden wir auf der Erde zwar nicht mehr miteinander feiern, aber im Himmel feiern wir es. Ich werde nämlich nicht nur sterben, ich werde auch auferstehen. Und ihr auch. Genauso wie ich.

Und dann geht das Fest weiter und sie essen und trinken und sind fröhlich und lachen und singen.

Jesus sagt noch was.

„So müsst ihr immer feiern. Und ihr werdet an mich denken. Ihr feiert es zur Erinnerung an mich und ich bin dann bei euch. Unsichtbar. Immer. Und ich liebe euch. Vergesst das nie!"

Und seit dieser Zeit feiern die Christen dieses Fest. Sie feiern es jeden Sonntag und in der Woche auch oft. Sie sagen, was Jesus gesagt hat und tun, was Jesus getan hat.

Didaktische Hinweise

Geschichte 36 und das auszumalende Bild ist für die 1. und 2. Klasse gedacht, Geschichte 36.1 (ausführlicher, mit Fußwaschung) für die 3. und 4. Klasse. Da den Kindern der 3. und 4. Klassen das „Letzte Abendmahl" schon bekannt ist, Akzent auf die Fußwaschung und das Beispiel Jesu legen. Bei Judas wurde darauf verzichtet, einfach „Abscheu" vor so einem bösen Menschen zu wecken, sondern auch „Verständnis" für seine Gedankengänge. Wenn wir ihn – auch nur ansatzweise – ein wenig verstehen, dann ahnen wir vielleicht, dass auch wir im Laufe unseres Lebens aus Enttäuschung zum Verräter werden können. So weit, dass uns das nie passieren könnte, ist er auch wieder nicht von uns entfernt. Immerhin war er ein Freund Jesu. Wäre er schon immer ein hinterhältiger Lügner gewesen, hätte sich Jesus schon vorher von ihm getrennt.

Beide Bilder *ausmalen* lassen!

36.1 Das letzte Abendmahl

Weihnachten ist ein Fest, das jeder liebt.

In Israel ist Pessach, das Paschafest, so schön wie bei uns Weihnachten.

Wir ziehen zu Weihnachten unsere schönsten Kleider an.

Auch zum Paschafest zieht man die schönsten Kleider an.

Wir schenken uns etwas zu Weihnachten.

Auch in Israel bekommen die Kinder etwas Schönes zum Paschafest, irgendwas, was sie sich schon lange gewünscht haben.

Wir haben zu Weihnachten oft ein Festessen, vielleicht eine knusprige Weihnachtsgans und Salat und Knödel und Eis und Torte, so viel, bis der Bauch dick und rund ist vor lauter guten Sachen.

Und der Gottesdienst ist schön.

Es ist schön, immer wieder, jedes Jahr aufs Neue, die Weihnachtsgeschichte zu hören:

Wie Jesus als Baby im Stall zu Betlehem auf die Welt kam, um uns alle zu erlösen.

Auch für die Kinder in Israel gibt es zum Paschafest ein herrliches Festmahl, mit Braten und Salat und Knödeln und ungesäuertem Brot, mit Nachtisch und süßem Wein.

Und wie bei uns zu Weihnachten sitzt die ganze Familie beieinander. Niemand mag allein sein. Alle feiern mit denen zusammen, die sie lieben.

Das war auch schon so, als Jesus lebte.

Auch Jesus freute sich auf das Paschafest und auf das Zusammensitzen mit seinen Freunden und das Festmahl und den guten Wein.

Natürlich freuten sich die zwölf Freunde auch.

Sie wollten es in Jerusalem feiern.

Sie waren ja schon in Jerusalem.

Den Esel hatten sie zurückgebracht.

„Kauft was Gutes!", sagte Jesus, „kauft lauter gute Sachen: Frischen Salat, einen Lammbraten, knuspriges ungesäuertes Brot, einen riesigen Teller voll, und vor allem guten Wein!"

„Klar, da machen wir", sagten die Apostel und sie schickten eine Abordnung, mit großen Einkaufskörben und genügend Geld versehen, auf den Markt, wo schon ein riesiges Gedränge herrschte, genauso wie bei uns am Vormittag des Heiligen Abends, wenn Mütter die letzten Sachen einkaufen, damit nichts fehlt.

Zwei seiner Freunde schickte Jesus zu einem guten Bekannten, der einen schönen, kleinen, festlichen Saal hatte, und sie fragten:

„Können wir zusammen mit Jesus hier das Paschamahl feiern?"

„Ihr könnt ihn haben", sagte der Mann, „für Jesus stelle ich ihn jederzeit zur Verfügung."

Er wusste nicht und die Freunde von Jesus wussten es auch nicht, dass dies das letzte Fest sein sollte, das Jesus auf der Erde feierte.

Und es war sogar das letzte Mal, dass Jesus etwas essen oder trinken konnte ... später gaben sie ihm nur noch mal etwas Essig auf einem Schwamm ... Das war kurz bevor er starb ...

Das wussten alle noch nicht.

Jesus wusste es.

„Ich werde ihnen etwas zur Erinnerung an mich hinterlassen ...", dachte Jesus, „ich muss ihnen etwas zurücklassen, irgendetwas Schönes zum Erinnern, damit ich später in ihren Herzen immer bei ihnen sein kann, wenn sie das erleben ... wenn sie das zur Erinnerung an mich feiern ..."

Und dabei dachte er an Brot und Wein und fröhliche Lieder und Gebete, eben ein Fest.

Er war dann nicht so traurig, wenn er daran dachte, dass er bald für immer Abschied nehmen musste von allen Freunden und von Sonne und Blumen und Menschen und von seiner Mutter.

Dann kam das Fest.

Den Saal hatten sie wunderschön geschmückt.

Der Tisch war gedeckt, ein Festessen wartete auf sie. Der Duft von frischem ungesäuertem Brot, von gutem Wein und von einem knusprigen gegrillten Lamm stieg ihnen in die Nase.

Auf dem Tisch standen Blumen und es brannten Kerzen und Öllämpchen.

Als sie hereinkamen, zogen alle die Schuhe aus.

Die Füße waren staubig von der Straße, aber sie hatten keinen Sklaven, der ihnen die Füße waschen konnte. Die Römer hatten Sklaven für so etwas.

Jesus dachte: „Ich will, dass sie heute etwas von mir lernen ... Ich will, dass meine Freunde nicht eingebildet sind ... Ich will, dass sie wissen, jede Arbeit ist gleich viel wert und vor Gott sind auch wir Menschen alle gleich viel wert ..."

Und so nahm er die Schüssel mit frischem Wasser und ein Handtuch, band sich eine Schürze um und wusch seinen Freunden die Füße, einem nach dem anderen.

Die Apostel wussten nicht, was sie sagen sollten.

Es verschlug ihnen die Sprache.

Also sagten sie gar nichts.

Bis die Reihe an Petrus kam.

„Das fehlte gerade noch!", rief er aus, „das fehlte noch, dass *du* mir die Füße wäschst, Jesus, ausgerechnet *du*, und dann noch einem wie *mir*!

Niemals!"

Alle blickten sprachlos zu Petrus hinüber, der mal wieder frech war und sich traute, die Wahrheit zu sagen.

Jesus blickte Petrus auch an. Freundlich, liebevoll.

Und er sagte etwas Merkwürdiges:

„Petrus, wenn du dir nicht von mir die Füße waschen lässt wie die anderen, dann ist das, als ob du nicht zu mir gehörtest."

„Was? Hör ich richtig?", rief Petrus, „als ob ich nicht zu dir gehörte?"

Jesus nickte.

Petrus überlegte einen Augenblick, dann sagte er ganz energisch:

„Wenn das so ist, dann wasche mir nicht nur die Füße, sondern auch die Hände und gleich auch noch den Kopf!"

Er mochte Jesus nämlich sehr gerne. Er wollte immer sein „bester Freund" sein. Das war ihm wichtig.

„Es reicht, wenn ich dir die Füße wasche", sagte Jesus, „und es geht auch gar nicht so um das Waschen.
Ich habe euch ein Beispiel geben wollen.
Könnt ihr ahnen, was ich euch damit zeigen wollte?"
Ja, sie ahnten es. Eingebildet sollten sie nicht sein, sie sollten einander Gutes tun und helfen und sie sollten nicht auf einen herabschauen, der vielleicht nur die Fußböden wischt oder Hilfsarbeiter ist. Das hatten sie schon gelernt, seit sie mit Jesus zusammen waren, dass er immer allen Menschen nahe sein wollte und ganz besonders denen, die von den anderen verachtet wurden, von denen die anderen sagten: „So ein Pack, hat nicht mal viel Geld! ... Oder: „Hat der einen blöden Beruf ... Oder: „Was ist das nur für ein Dummkopf, der hat sie nicht alle!"
Sie sollten, das begriffen die Apostel, so sein wie Jesus.
Darum hatte er ihnen die Füße gewaschen.
Das war eine Predigt gewesen! Und was für eine!
Aber dann kam das festliche Mahl, wo man so viel isst und trinkt, wie es einem gerade schmeckt, wo man mindestens vier Gläser Wein am Abend trinken muss, damit man lustig und fröhlich wird, wo die Geschichte vom Auszug aus Ägypten vorgelesen wird aus der Bibel und wo man bis in die Nacht hinein feiert und singt und lacht.

Und dann kam dieser Augenblick, den die Apostel *nie* mehr in ihrem Leben vergaßen ...
Der Augenblick, wo Jesus das ungesäuerte Brot in die Hand nahm, es mittendurch brach und sagte: „Das bin ich!" (,,Das ist mein Leib")
Es war ganz still.
Sie waren erschrocken. Sie wussten: Sie werden *ihn* zerbrechen!
Sie werden ihm etwas antun, ihn töten!
„Habt keine Angst", sagte Jesus, „ich werde zwar sterben, aber ich tu's freiwillig, für euch und für alle, die einmal zu mir gehören werden auf der ganzen Welt.
Für sie alle werde ich sterben. Ich bringe dieses Opfer gerne für euch, das Opfer meines Lebens.
Was ich heute mit euch getan habe, das sollt ihr immer wieder tun. Und immer sollt ihr an mich denken, wenn ihr das tut. Ich bin dann bei euch, auch wenn ihr mich dann nicht mehr so sehen könnt wie jetzt."
Das begriffen die armen Apostel natürlich damals noch nicht.
(Später, da haben sie sich an alles, an jedes Wort erinnert.)
Sie saßen nur still da und jeder bekam ein Stück von dem ungesäuerten Brot, von dem Jesus gesagt hatte: *Das bin ich!*"
Mit dem Wein machte er das Gleiche.
Dunkelrot wie Blut schimmerte der Wein in den Bechern.
„Mein Blut wird vergossen werden ... zur Vergebung der Sünden ..."
Und er gab allen zu trinken.
Wieder sagten sie gar nichts. Es war so still, man hätte eine Stecknadel fallen hören können.
Das war ja ein trauriges Fest! ...

Jesus versuchte sie auf andere Gedanken zu bringen.
„Ich sage euch: Ich werde auferstehen! Ich bleib doch nicht im Grab!
Gott ist stärker als der Tod! Und jetzt lasst uns wieder singen!"

Da sangen sie wieder und sie lachten und sie beteten und sie hörten die Geschichten über die Wunder, die Gott getan hatte, und sie aßen das Brot, das jetzt ein ganz besonderes Brot war, und sie tranken den Wein, von dem er gesagt hatte: „Das ist mein Blut."
Sie haben es nicht verstanden, damals.
Sie wie wir es oft nicht verstehen.
Aber sie waren doch froh, dass sie zusammen mit Jesus so ein schönes Fest feiern konnten.

Nur einer von den Freunden, Judas, der freute sich nicht.
Er dachte: „Jesus spricht davon, dass er sterben wird! und dabei hatte ich gehofft, er würde unser neuer König werden ... Drei Jahre hatte ich das gehofft. Deshalb bin ich mit ihm gegangen.
Ich bin betrogen worden!!! Und wie!
Da kann ich den Soldaten ja auch verraten, wo sie ihn heute Nacht finden können. Wenn er wirklich ein König ist, dann wird sich das ja noch zeigen. Und wenn nicht, dann war es Betrug ... Geld haben sie mir auch schon geboten. Geld kann man immer gebrauchen."

Jesus wäscht seinen Freunden die Füße

So etwas gibt es, dass einer zusammen mit Jesus feiert, einen Gottesdienst feiert, und ganz andere Gedanken in seinem Kopf hat, wütende Gedanken, ärgerliche Gedanken …
Von außen sieht man es ihm gar nicht an. Von außen unterscheidet er sich gar nicht von den anderen. Er macht alles, was sie machen. Er singt und betet und isst …
Gott aber schaut den Menschen ins Herz.
Jesus hat dem Judas ins Herz geschaut.
Ganz traurig war er.
Leise hat er gesagt: „Einer von euch wird mich heute Nacht noch verraten."
„Was ist los??? Einer von uns? Dich verraten???
Sag doch sowas nicht!
Sowas tun wir niemals" Wir sind doch deine Freunde!"
Aber Jesus hat immer noch ernst und traurig ausgesehen.
Da haben sich die Freunde darüber unterhalten, wer das wohl sein könnte. Johannes saß ganz nahe bei Jesus.

„He", flüsterte Petrus dem Johannes ins Ohr, „frag ihn doch mal. Er soll sagen, wen er meint!"
Johannes flüsterte mit Jesus.
Der sagte: „Gut, ich sag es euch:
Der, der mit mir zusammen die Hand in die Schüssel taucht, der ist es!"
(Sie hatten kleine Schüsselchen mit Soßen, wo man das Brot eintunken konnte.)
Im gleichen Augenblick tauchte er zusammen mit Judas das Brot ein.
Alle erstarrten.
Jesus schaute Judas an und sagte: „Was du tun willst, das tu."
Wortlos stand Judas auf, drehte sich herum und ging aus der Tür.

Diesmal hat es Jesus mehr Mühe gekostet, die Freunde dazu zu bringen, noch weiterzufeiern.
Aber mit ihm zusammen kann man einfach nicht lange traurig sein.
Das ist bis heute so.

37 Jesus betet im Garten Getsemani. Er hat Angst und sieht einen Engel

Eben hat Jesus noch das fröhliche Fest gefeiert.
Das Fest mit seinen Freunden.
Pessach, das Paschafest.
Sie haben gesungen und vom Auszug der Kinder Israels aus Ägypten erzählt und ungesäuertes Brot gegessen und Wein getrunken.
Jetzt ist Nacht.
Die Nacht ist warm.
Jesus geht mit seinen Freunden aus der Stadt Jerusalem hinaus, steigt über Steinstufen ins Tal hinunter und auf der anderen Seite wieder hinauf. Sie sind auf dem Weg zum Garten Getsemani. Der liegt am Abhang des Ölbergs.
Es ist ein schöner Garten.
Ein Garten mit alten Ölbäumen, mit Gras und Blumen, die besonders in der warmen Nacht duften.
Jesus war schon immer gerne hier.

„Diese Nacht", denkt Jesus, „diese Nacht ist die letzte Nacht meines Lebens!"
„Einer meiner Freunde, Judas, ist schon fortgegangen.
Er will mich verraten. Er will die Soldaten holen, die mich gefangennehmen werden …
Es tut so weh, wenn ein Freund einen verrät …
Wenigstens habe ich noch die anderen elf.
Aber die werden auch weglaufen, wenn es gefährlich ist …"
Jesus weiß das alles.
Und wenn man so etwas weiß, dann ist man furchtbar traurig.
Jesus ist traurig und er hat Angst.
Große Angst.
Jeder hat Angst vor dem Tod.
Auch wenn man weiß, dass man hinterher aufersteht.

Sie kommen zum Garten.
„Wie schön ist es hier", sagen die Apostel und strecken die Arme aus.
Sie recken die Arme und schnuppern den Duft der Blumen und gähnen.
Sie sind müde.
Die weiche Wiese sieht im Mondlicht aus wie ein Bett und lädt richtig zu einem Schläfchen ein.
Jesus errät die Gedanken seiner Freunde.
Ist ja auch gar nicht schwer.
„Ach", sagt er, „legt euch nur nieder und schlaft ein bisschen. Ruht euch aus!"
Da freuen sie sich.
„Nur Petrus", (meinen frechsten Freund), sagt Jesus, „Jakobus", (meinen Cousin),
„und Johannes (meinen jüngsten Freund), euch drei möchte ich bitten, mit mir etwas weiter in den Garten zu gehen und mit mir wach zu bleiben."
Acht legen sich gemütlich hin und sagen:
„Bis später. Gute Nacht!"
Die drei gehen mit Jesus.
Petrus ist natürlich auch müde. Aber er sagt:
„Macht uns gar nichts aus!… Wir bleiben natürlich wach!… Wir wachen mit dir, Jesus!
…Übrigens, warum sollen wir denn mit dir wachen?"
Da senkt Jesus den Kopf.
„Ich habe solche Angst.
Ich möchte beten. Mit meinem Vater im Himmel reden.
Bleibt ihr hier und wartet auf mich, ich gehe noch ein Stückchen weiter in den Garten."
„Geh nur", sagt Petrus, „das geht schon in Ordnung. Wir bleiben wach und warten auf dich. Schließlich bist du ja unser Freund, unser ‚Boss'!" (Petrus sagt „Meister". Das ist dasselbe.)

Jesus geht bis zu der kleinen Grotte.
Kaum ist er weg, da sind Petrus und Jakobus und Johannes schon eingeschlafen. Tief und fest.

Jesus weiß nicht, was er beten soll vor lauter Angst.
„Ich habe solche Angst, Vater", sagt er zu Gott.
„Ich habe solche Angst vor dem Leiden.

Ich habe solche Angst vor dem Sterben.
Ich weiß nicht, was ich tun soll!
Ich zittere richtig vor Angst.
Aber… wenn du es willst, dann bin ich trotzdem einverstanden."

Jesus seufzt und denkt: „Ich geh mal zu meinen Freunden.
Vielleicht habe ich dann etwas weniger Angst."
Er kommt zu Petrus, Jakob und Johannes.
Sie schlafen.
Jesus ist enttäuscht.
„Könnt ihr denn nicht mal eine Stunde mit mir wach bleiben?
Wo ich euch so darum gebeten habe?"
„Wwwas ist los???
Ach, wir haben geschlafen?
Wir sind nur ganz kurz eingenickt.
Jetzt bleiben wir aber wach!
Hab keine Angst!"
Jesus sagt:
„Ich habe immer noch Angst!… Ich gehe noch mal beten…
Bleibt bitte wach!"
„Ja, jetzt bleiben wir wach!"
Augen zu! Sie sind schon wieder eingeschlafen.

Jesus betet wieder.
„Vater, wenn es dein Wille ist, dann verschone mich doch vor diesem Tod, vor dem Leiden und Sterben!" (Er sagt: „Lass doch diesen Kelch an mir vorübergehen!" Damit meint er das gleiche.)
Und wieder betet er:
„Aber nicht mein Wille geschehe, Vater, sondern deiner!"

Er läuft zurück zu seinen Freunden.
Sie schlafen wieder wie die Murmeltiere.
Er weckt sie auf.
„Bitte, wacht auf,
bitte, Petrus,
bitte, Jakobus und Johannes!
Bitte wacht mit mir, ich brauche euch! Ich hab solche Angst."
Die drei wischen sich die Augen.
„Entschuldigung!"
„Wir können einfach nicht wach bleiben.
Aber jetzt nehmen wir uns zusammen, Jesus.
Hab keine Angst, passiert schon nichts!"

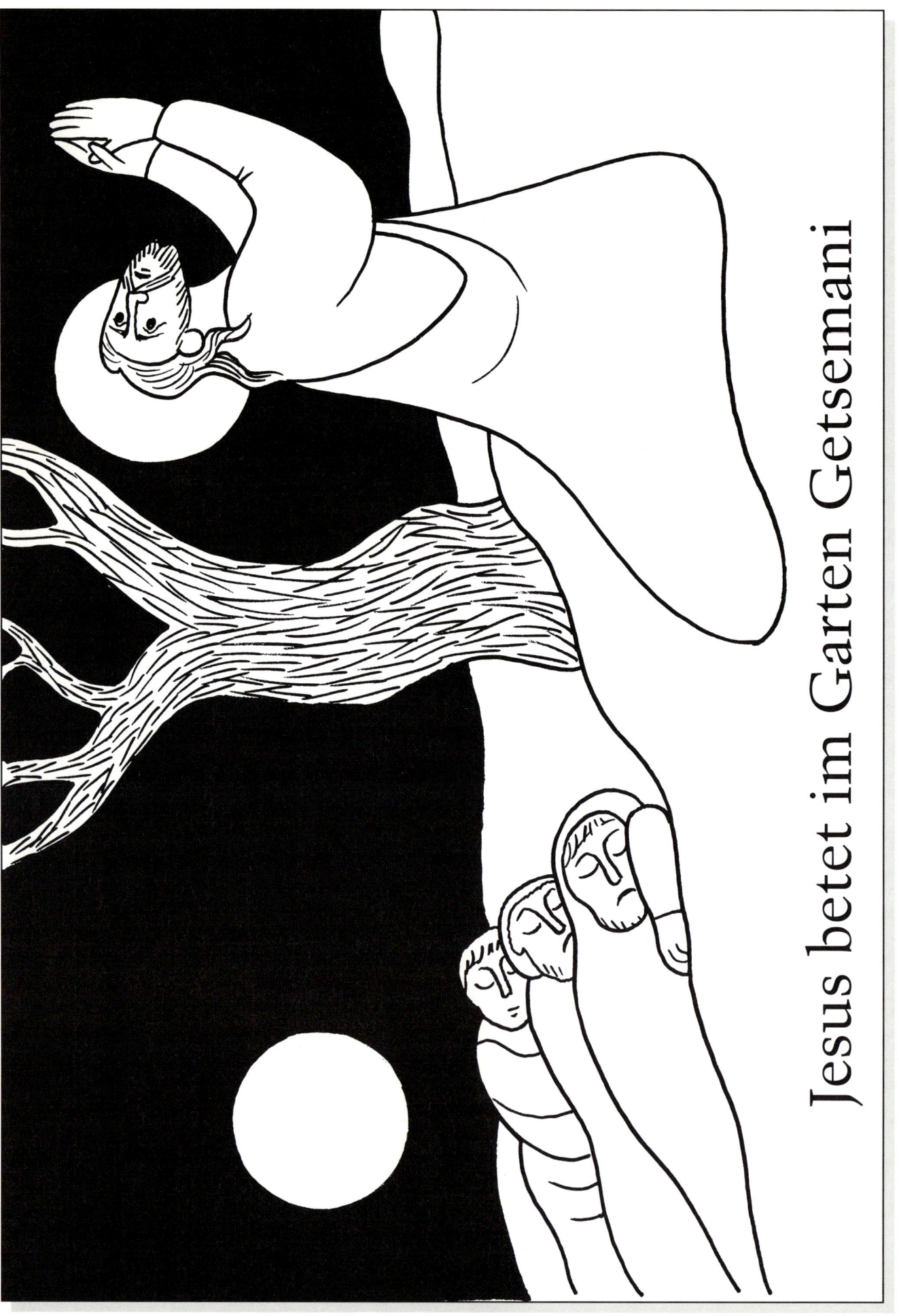

Jesus betet im Garten Getsemani

Aber Jesus weiß, dass doch etwas passieren wird.
Und er weiß, dass er immer noch Angst hat.
Und er weiß, dass er trotzdem alles tun wird, was Gott will.
Beim dritten Mal, als er wieder betet, schwitzt er so stark, dass ihm der Schweiß übers Gesicht rinnt und von der Stirn auf den Boden tropft. Solche Angst hat er.
In der Bibel steht: „Sein Schweiß floss wie Blutstropfen auf die Erde."
„Vater", betet er, „ich möchte so gerne, dass ich das nicht erleiden muss. Aber dein Wille geschehe. Ich tue, was du willst."
Und dann passiert etwas.
Mitten beim Beten.
Es ist so, als würde ein Engel kommen und die ganze Angst von ihm wegnehmen. Als ließe der Engel ihn aus einem Becher trinken, in dem etwas ist, was ihm Kraft gibt.
Jetzt hat sich alles verändert. –

Jesus steht auf und hat keine Angst mehr.
Er steht auf und weiß: „Ich werde zwar leiden müssen und sterben müssen, aber ich kann alles ertragen."
(Er hat es auch ertragen. Aus Liebe zu uns.)

Seitdem kann es auch uns passieren, dass wir, wenn wir beten, verändert werden.
Dass zwar alles so ist wie vorher,
aber dass wir auf einmal keine Angst mehr haben.
Dass wir wissen: „Jesus, der versteht mich.
Der hat selber mal gebetet vor lauter Angst.
Er ist bei mir.
Ich brauche keine Angst mehr zu haben.!"

Didaktische Hinweise

Diese Unterrichtsstunde sollte ohne Unterrichtsgespräche auskommen und stattdessen ruhig und meditativ sein.
Nach dem Vorlesen leise Musik, die Kinder das Bild ausmalen oder ein Kreuz oder irgendetwas, was Sie selber für gut halten, malen lassen.
Vor dem Kreuz könnte evtl. eine Kerze angezündet werden.

38 Jesus wird gefangen genommen und stirbt

Nachdem Jesus von dem Engel „gestärkt" worden ist, hat er keine Angst mehr.
„Kommt", sagt er zu seinen drei Freunden, die wieder geschlafen haben, „kommt, es ist soweit. Jetzt holen sie mich."
„Wer holt dich?", fragen die drei erschrocken und hören im gleichen Augenblick Tritte von Soldatenstiefeln, Klirren von Waffen, Befehle … „Rechts um … in den Garten … ja, dann geradeaus … Judas wird es uns genau zeigen, wer es ist …"

Im gleichen Augenblick sind die Freunde hellwach!
Sie springen auf, rennen durch den Garten, zu den anderen.
Die sind auch aufgewacht, haben auch die Soldaten kommen hören.
Jesus steht jetzt neben ihnen.

Ganz ruhig steht er da und schaut den Soldaten entgegen, die einen Riesenlärm machen.
Sie kommen auf Jesus und seine Freunde zu und richten die Lanzen auf die Gruppe.
Judas kommt. Er, der ein Freund von Jesus war. Als sei nichts geschehen, geht er zu Jesus hin und umarmt ihn.
„Grüß dich, Meister", sagt er und küsst Jesus auf die Wange so als wären sie immer noch Freunde.
„Mit einem Kuss verrätst du mich?", fragt Jesus und schaut ihn an.
Judas hatte das nämlich vorher mit den Soldaten ausgemacht.
„Der, den ich küsse, der ist es", hatte er gesagt, „den könnt ihr euch schnappen!"
Die Soldaten packen Jesus am Arm. Sie halten ihn fest.
Dabei will er gar nicht weglaufen.

Sowas Dummes!

Die anderen elf Freunde kriegen die Panik.

„Was, Jesus nehmen sie gefangen? ... Der wehrt sich nicht? ...

Er könnte sich doch wehren! ... Er ist doch stärker als 100 000 Soldaten! ... Will er sich vielleicht nicht wehren? ... Lässt er sich vielleicht sogar freiwillig gefangen nehmen? ...“

„Ohne uns!!!“

Sie hauen ab, sie rennen davon, so schnell sie können. Einige flitzen durch das Tor, andere springen über die Mauer. Einer lässt sogar noch seinen Mantel da liegen. Es ist ihm alles egal, Hauptsache weg. –

Jetzt ist Jesus ganz allein. Alle seine Freunde haben ihn im Stich gelassen. Jetzt ist er allein mit den römischen Soldaten. Nur Gott ist noch bei ihm. Aber den sieht man nicht.

Jesus wird noch in der Nacht durch die Stadt geführt.

Zuerst bringen sie ihn zu den Hohenpriestern,

dann schleppen sie ihn vor den römischen Landpfleger Pilatus.

Pilatus ist ein grausamer, gemeiner Mensch.

Der lässt gerne Menschen kreuzigen.

Manchmal 40 auf einmal.

Oder mehr.

In der Bibel steht, dass er seine „Hände in Unschuld wäscht“.

Scheinheilig ist er auch noch!

Er verurteilt Jesus zum Tod.

Soldaten schlagen Jesus.

Sie verspotten ihn.

„Schaut nur, ein König, ein König!

So ein blöder König!“

Sie haben ihm zum Spott eine Krone aus Dornen aufgesetzt.

Und einen roten Mantel angezogen.

Jesus sagt nichts.

Er weiß, dass er das alles aus Liebe zu uns Menschen erleidet.

Da kommt es ihm gar nicht mehr so schwer vor.

Dann ist es so weit. Sie haben beschlossen, dass Jesus gekreuzigt werden wird, also wird er gekreuzigt.

Zusammen mit zwei Verbrechern muss er auf den Berg hinaufsteigen.

Das schwere Holzkreuz muss er selber tragen.

Die römischen Soldaten gehen nebenher und passen auf.

Wenn er nicht mehr kann und hinfällt, dann schlagen sie ihn.

Das machen sie immer so mit ihren Gefangenen.

Unterwegs stehen viele Leute am Straßenrand.

Frauen weinen.

Jesus tröstet sie. „Weint doch nicht!“

Einmal sieht er seine Mutter. Sie weint ganz schrecklich.

Jesus weint auch.

Später nageln sie ihn an das Kreuz.

Es tut furchtbar weh.

Er hat Durst.

Sie geben ihm Essig zu trinken. Auf einem Schwamm.

der Schwamm ist oben auf einem Stock. Weil das Kreuz so hoch droben ist.

Unten am Kreuz steht seine Mutter Maria.

Sie hat ihr Kind nicht im Stich gelassen. Sie bleibt bei ihm.

Sie fühlt sich ganz schrecklich traurig und verlassen.

Eine Mutter würde lieber selber sterben als ihr Kind sterben zu sehen.

Als er geboren wurde, da waren Engel da.

Er war von Anfang an ein besonderes Kind.

Und jetzt stirbt er an einem römischen Kreuz ...

Sein Lieblingsjünger Johannes ist auch zurückgekommen, er will bei Jesus sein, wenn er sterben muss. Er ist der Einzige.

Jesus sagt noch, Johannes soll für seine Mutter sorgen, wenn sie alt ist.

Und zu seiner Mutter sagt er:

„Kümmere dich um Johannes, dann hast du einen neuen Jungen, wenn ich nicht mehr lebe.“

Aber Maria denkt, was jede Mutter auf der Welt denken würde:

„Mein Kind ist einmalig auf der ganzen Welt. Niemand kann es mir ersetzen. Keiner.“

Jesus betet, dann stirbt er.

Sie nehmen ihn vom Kreuz ab und legen ihn seiner Mutter in den Arm.

Sie weint.

Was sie noch nicht weiß, sie wird nur ganze drei Tage lang weinen und traurig sein. Dann wird ihr Sohn auferstehen und glänzen wie die Sonne und nie mehr sterben, sondern leben, ewig bei Gott leben.

Und auf uns warten,

denn eines Tages, wenn auch wir gestorben sind, dann werden wir auch auferstehen und ewig bei Jesus und Maria und Gott und Johannes und Petrus und allen Heiligen und allen, die wir einmal auf der Erde lieb hatten, leben.

Dann werden wir zu Jesus hingehen, ihn fest in den Arm nehmen und ihm einen Kuss geben.

Didaktische Hinweise

Im Mittelpunkt steht zunächst der Lehrervortrag. Dann, an der angegebenen Stelle im Text, kann man bei den Kindern der Klassen 3 und 4 die folgende Geschichte von der Verleugnung des Petrus einschieben, und *spielen* lassen. Bei den Jüngeren würde das zu sehr vom Text ablenken.

Die Kinder der 1. und 2. Klasse sollten die ganze Geschichte ohne Unterbrechung hintereinander hören. (Diese könnten auch das Kreuz, das sie evtl. in der vorigen Stunde begonnen haben, fertig malen und verzieren. – Kleine Kinder drücken ihre Liebe ja in Blumen und Herzen aus. – Kein Bild kritisieren, höchstens Verbesserungsvorschläge machen!)

Die größeren Kinder können Petrus malen. Sie begreifen schon, was eine Verleugnung bedeutet, wenn der beste Freund in Not ist.

39 Petrus verleugnet Jesus. Er sagt: „Den habe ich noch nie gesehen!"

Von ferne ist Petrus den Soldaten gefolgt, als sie Jesus abgeführt haben. Aber heimlich. Er will nicht auch noch gefangen werden.

Er hat schreckliche Angst.

Jetzt wird Jesus verhört.

Im Hof des Palastes machen sich Soldaten und einige andere Leute ein Feuer an. Sie wärmen sich. Petrus stellt sich zu ihnen. Dabei behält er heimlich die Tür im Auge, hinter der Jesus mit den Soldaten verschwunden ist.

„Gott sei Dank!", denkt Petrus, „Gott sei Dank, dass mich hier niemand kennt!" Er ist erleichtert.

Aber nicht lange.

Auf einmal kommt eine Magd vorbei, schaut ihm ins Gesicht.

„He!", ruft sie, „du kommst mir so bekannt vor! Du gehörst doch auch zu diesem Jesus aus Nazaret! Du warst doch immer mit ihm zusammen!"

Da sagt Petrus: „Halt den Mund! Stimmt überhaupt nicht! Ich weiß überhaupt nicht, wovon du redest!"

Und er schaut ins Feuer, als machte ihm das gar nichts aus.

Tut es aber doch. Er hat Angst. „Die dürfen auf keinen Fall was merken!", denkt er, „auf gar keinen Fall!"

Nach einer Weile sieht ihn ein anderer an.

Er deutet mit dem Kopf in die Richtung, in der Jesus verschwunden ist und sagt: „Gib's zu, du gehörst auch zu denen!"

„Nein!", schreit Petrus, „Mensch, ich doch nicht!!! Sowas!"

„Na, dann nicht", denkt der andere, aber ich hätte geschworen, dass er einer von denen ist …"

Eine Stunde vergeht. Eine schrecklich lange Stunde.

Da kommt wieder einer und sagt: „Du, ich bin mir ganz sicher, du bist auch von Galiläa, da, wo der Jesus herkommt. Du gehörst zu ihm! Gib's zu! Deine Sprache verrät dich nämlich."

Da springt Petrus auf und fängt an zu schimpfen und zu fluchen und schreit: „Ich hab den Kerl noch nie gesehen! Noch nie in meinem Leben!"

In dem Augenblick kräht ein Hahn. Zweimal. Petrus bleibt fast das Herz stehen.

„Das hatte Jesus doch gesagt! ... Er hatte gesagt: Petrus, ehe der Hahn zweimal kräht, hast du mich schon dreimal verleugnet!"
Und jetzt hat der Hahn zweimal gekräht! ...
In dem Augenblick kommt Jesus aus der Tür und schaut Petrus an.
Und in dem gleichen Augenblick begreift Petrus, wie gemein das war, was er getan hat ... seinen besten Freund im Stich lassen, wenn er in Gefahr ist und ihn dann verleugnen und sagen: „Den Kerl habe ich noch nie im Leben gesehen!"

Jetzt tut es ihm auf einmal schrecklich leid.
Er fühlt Tränen in seinen Augen aufsteigen, obwohl er ein Mann ist, und dann geht er ganz schnell weg, in eine Ecke, wo man ihn nicht sehen kann, und da weint er und weint und kann fast nicht mehr aufhören.

Er weiß noch nicht, dass Jesus seine Angst verstanden hat und dass für Jesus, wenn einer sein Freund ist, der auch sein Freund bleibt für immer und ewig, ganz gleich, was er tut.

40 Auferstehung

Jesus ist am Kreuz gestorben.
Seine Augen sind zu.
Die Freunde nehmen ihn vom Kreuz herunter.
Sie stellen eine Leiter an, ziehen die Nägel heraus.
Vorsichtig halten sie ihn fest.
Wo sollen sie ihn hinlegen?
Auf den Boden?
Nein.
„Gebt ihn mir, ich halte ihn!", sagt Maria, seine Mutter.
Tränen laufen über ihr Gesicht.
„Jetzt kann ich ihn zum letzten Mal in den Arm nehmen", denkt sie.

Ein frommer Kaufmann aus Jerusalem, Josef von Arimatäa, hat für sich selber, weil er ein reicher Mann ist, ein tolles Grab anfertigen lassen. Ein großes und schönes.
Ein Grab, das in die Felsen gehauen ist, in das man hineingehen kann.
„Mein Grab gebe ich für Jesus her", sagt er und so bringen sie ihn auf den Friedhof. Sie wickeln ihn in weiße Tücher und legen ihn liebevoll hin, als sei es ein Bett.

Römische Soldaten sind auch dabei.
„Wir passen auf, dass er hier bleibt!", sagen sie, „wir bewachen das Grab.
Unser Hauptmann hat gesagt, wir müssten das Grab bewachen."

Sie haben ihre Waffen dabei und so stehen sie vor dem Eingang des Grabes, das mit einem runden Felsenstein verschlossen ist.

Drei Tage später sagt Maria:
„Ich geh zu seinem Grab."
„Ich geh mit", sagt Maria aus Magdala, die eine Freundin von Jesus gewesen ist. Und dann geht noch eine Verwandte mit.

„Wir können Jesus ja gar nicht anschauen", sagen sie und sind traurig.
„Denn wir können ja nicht in das Grab hinein!"
„Stimmt! Der Stein ist viel zu schwer. Das ist ja ein Felsbrocken!"
„Stimmt!" „Schade!"
„Und was ist mit den Soldaten?
Ob die da wohl noch stehen?"
„Keine Ahnung."
„Hoffentlich nicht!!!"

Sie kommen zum Grab, fallen fast um, die Sprache bleibt ihnen weg, als sie sehen, was inzwischen passiert ist.
„Das gibt es doch nicht!
Das Grab von Jesus ist offen! –
Der Stein ist weggerollt.
„Was soll denn das bedeuten?
Wer hat das getan?
Was ist mit Jesus?"

Was die drei Frauen nicht wissen: Jesus ist längst nicht mehr im Grab, weil Gott ihn nämlich auferweckt hat. Er ist wieder lebendig, und wie!!!
Nie, nie, nie mehr wird er jetzt sterben!
Denn wer von Gott auferweckt wird, der stirbt nie mehr, der lebt für immer und ewig. weil nämlich Gott stärker ist als der Tod.

Die drei Frauen rennen aufgeregt in das Grab hinein. Wirklich, kein Jesus da! Eine helle Gestalt sitzt da, am Kopfende, und sagt:
„Geht heim, Jesus ist nicht im Grab, er ist auferstanden."
Am Fußende, wo Jesus gelegen hat, da sind die weißen Tücher ordentlich zusammengefaltet.
Die Frauen sind ganz durcheinander, alle drei.
Sie weinen, sie kennen sich überhaupt nicht aus.
Sie laufen durch den Garten.

Maria aus Magdala sieht jemand kommen.
Sie kann vor lauter Weinen nicht richtig sehen.
Sie denkt: „Ach, da kommt der Gärtner... Den frag ich jetzt."
Und sie fragt den Fremden, ohne ihn richtig anzuschauen:
„Weißt du, wo Jesus jetzt ist, weißt du, wo sie ihn hingebracht haben?" (Sie denkt nämlich, sie hätten Jesus vielleicht in ein anderes Grab gelegt. Sie weiß ja nicht, was das ist, Auferstehung. Sie weiß nicht, dass Gott jemand, der im Grab liegt, wieder lebendig machen kann, so dass er ewig lebt).
Deswegen hat sie den Mann das gefragt.
Der Mann bleibt stehen.
Er sagte nur ein Wort:
„Maria!"

Er sagt nur ihren Namen.
Aber *wie* er ihren Namen sagt... das kann doch nur... das kann doch nur *Jesus* sein!
... Ja, er ist es! Er lebt!!!
„Er ist es wirklich und wahrhaftig!
Er steht wirklich vor mir!
Deutlich sehe ich sein Gesicht, sein Lächeln...
Bin ich froh, dass er wieder da ist!!!"
Sie ruft ihn und will ihn in den Arm nehmen, ganz ganz fest.
Da sagt Jesus: „Halte mich nicht fest, ich werde bald zu meinem Vater zurückkehren, zu meinem Vater im Himmel... Aber mit meiner Liebe werde ich immer bei dir sein, bei dir und allen, die mich lieb haben."
Maria schaut und schaut und ihr Herz lacht vor Freude.
Alle Traurigkeit ist weg
wie Nebel vor der Sonne.
Nach einer Weile sagt Jesus:
„Und jetzt tu mir einen Gefallen: Geh in die Stadt zurück, zu meinen Freunden, und erzähl ihnen, was du gesehen hast. Die Armen denken doch immer noch, ich läge tot im Grab, und sie sind immer noch traurig."
„Ja, das tu ich!", sagt Maria, „na, die werden Augen machen, wenn sie das hören!!!"
Und Jesus segnet sie und sie läuft, so schnell sie kann, nach Jerusalem zurück.
Sie ist so froh wie noch nie in ihrem Leben.

Didaktische Hinweise

Osterlieder singen, Geschichte vorlesen, 3. und 4. Klasse das fröhliche Bild malen lassen, die Kleinen ergänzen das Bild mit lauter bunten Blumen und malen eine große Sonne an den Himmel.

41 Petrus und Johannes stellen fest: *Jesus lebt*

Petrus und Johannes und die anderen Freunde waren fast vor Angst gestorben. Alle waren sie weggelaufen, als Jesus umgebracht wurde. Nur ganz zum Schluss war Johannes am Kreuz.
Petrus aber nicht.
Der hatte immer noch so große Angst.
Er hatte Angst vor Speeren und Schwertern und Kreuzen und vor dem „Angenagelt-Werden" und vor dem Tod.
Jetzt war Jesus wirklich gestorben.

„Ich versteck mich!", sagte Petrus.
„Tun wir auch", sagten die anderen Freunde von Jesus.
„Wir suchen uns ein gemeinsames Versteck, einen Platz, wo man uns nicht findet.
Dann sind wir ganz leise.
Wir verriegeln die Tür!
Vielleicht schieben wir noch einen Tisch davor!
Und den Schlüssel drehen wir zweimal herum!!!
Am besten bringen wir noch einen Extra-Riegel an. Einen aus Eisen. Mit einem dicken Schloss!
Und dann machen wir untereinander ein Zeichen aus.
Wenn jemand kommt und herein will zu uns, dann muss er das Zeichen kennen. Sonst lassen wir ihn nicht hinein.
Niemals! Das wäre zu gefährlich!
Keine Menschenseele lassen wir rein!!!
Und vor allen Dingen keinen *Soldaten*, das ist ja klar!
Das fehlte uns gerade noch ...!"

Und so saßen sie die ganze Zeit in dem versperrten Zimmer.
Einen ganzen Tag lang, nachdem Jesus gestorben war.
Auch den zweiten und dritten Tag verbrachten sie hier.
Sie hatten Angst, die Soldaten würden noch herumschleichen und sie vielleicht suchen.

Sie wussten nicht, dass Maria mit Maria aus Magdala und Salome am dritten Tag frühmorgens zum Grab gegangen waren.
Sie wussten gar nichts.
Sie gingen ja nicht raus.
Sie machten das Schloss nicht auf!
Sie hatten ja immer noch Angst.

Am späten Vormittag hörten sie Schritte. Es klopfte.
Sie zitterten vor Angst.
„O je, da ist einer draußen, der will zu uns herein!"
„Seid ganz still, keinen Ton! Wir tun, als wären wir gar nicht hier!"
Sie fühlten sich so schlecht wie noch nie in ihrem Leben.
Traurig sein, wenn man den Freund verloren hat, das ist schon schlimm. Aber traurig sein und noch dazu Angst haben, das ist schrecklich.
Draußen wurde wieder an die Türe geklopft.
„Habt keine Angst, *wir* sind es doch", sagte eine Frauenstimme.
Eine Frauenstimme, die sie kannten.
„Das ist ja Maria, seine Mutter", sagte Petrus, „da können wir die Tür aufsperren."
Und sie machten die Tür auf und Maria kam herein und mit ihr die beiden anderen Frauen.
Alle drei lachten übers ganze Gesicht. Sie strahlten richtig vor Freude.
Noch hatten sie nichts sagen können, da dachten die anderen schon: „Was? ... Die lachen??? ..."
Maria lacht, wo ihr Sohn doch erst vor drei Tagen am Kreuz gestorben ist? ...
Und Maria aus Magdala, sie hat Jesus so gerne gehabt, angeblich ...
Macht es denen nichts aus, dass er tot ist?
Wir sind so traurig, dass uns das ganze Leben nicht mehr freut, und die drei *lachen*!

Dann fingen Maria und Maria aus Magdala und Salome an zu erzählen.
„Er ist ja gar nicht tot!", riefen sie,
„er lebt! Er ist auferstanden! Er ist wirklich auferstanden!"
„Redet keinen Unsinn!"

„Wir reden keinen Unsinn! Es ist *wahr! Er lebt!*"

„Wie kommt ihr denn auf sowas!?!"

„Wir habens mit eigenen Augen gesehen … Das Grab ist leer.

Da haben wir einen Engel gesehen. Er saß im Grab.

Und der dicke Stein ist weg, als hätte ihn jemand weggepustet.

Und der Engel hat es uns gesagt, dass Jesus lebt.

Zuerst konnten wir es auch nicht glauben, aber später haben wir es dann doch geglaubt."

Maria aus Magdala erzählte: „Ich hatte es immer noch nicht geglaubt, aber dann stand er wirklich und leibhaftig vor mir und ich habe ihn nicht erkannt und gemeint, das wäre der Gärtner, aber als er meinen Namen sagte, da habe ich ihn angeschaut und da habe ich gesehen, dass es *Jesus* war, dass er lebendig vor mir im Garten stand. Seine Wunden konnte man noch sehen.

Es war kein Geist und kein Gespenst!

Er war wirklich da!!!

Und er hat gesagt, zu euch käme er auch noch …"

„Nun mal langsam", sagte Petrus, der zuerst mal seine Gedanken sortieren musste, „macht ihr uns auch wirklich nichts vor?"

„Mit sowas macht man keine Scherze! Und wir schon gar nicht!"

„Und das Grab ist wirklich leer?"

„Genau."

Da wurde Petrus ganz aufgeregt.

„Ich geh da hin! Ich geh sofort auf der Stelle da hin!

Das muss ich mit meinen eigenen Augen sehen, das leere Grab."

Johannes sagte: „Ich geh mit!"

Und schon waren sie aus der Tür gerannt und liefen, so schnell sie konnten, zu der Stelle, wo sie Jesus begraben hatten.

Bergab ging es und bergauf. Heiß war es.

Johannes der jüngere, war schneller.

Er war zuerst da.

Petrus kam nicht so schnell mit, weil er schon älter war.

Aber Petrus war jetzt mutiger.

Johannes war am Grab angekommen, sah, dass der Stein weg war, aber er traute sich nicht in das Grab hineinzugehen.

Lieber blieb er stehen und wartete auf Petrus.

Der kam an, ganz außer Atem.

„Wwwas ist??? … Warst du schon im Grab??? Was hast du gesehen?"

„Nein, ich war noch nicht drin."

„Warum nicht!"

„Ich trau mich nicht!"

„Angsthase!"

„Ich hab eben Angst."

„Aber ich geh rein!", sagte Petrus.

Er ging in das Grab hinein, sah den Engel, hörte die Botschaft und glaubte, was der Engel ihm sagte.

„Was für eine frohe Botschaft!!! Jesus lebt! Er ist auferstanden!"

Voller Freude kam er aus dem Grab heraus.

Jetzt ging auch Johannes hinein.

Auch er sah den Engel, hörte die Botschaft, auch er glaubte und ihm fiel ein tonnenschwerer Stein vom Herzen.

„Jesus war nicht mehr tot!!! Jesus war auferstanden aus dem Grab!"

Die beiden machten sich auf den Heimweg, um den anderen davon zu erzählen.

Bestimmt haben sie den ganzen Weg gesungen und gepfiffen und sind sich vor Freude um den Hals gefallen.

Und das tut jeder, der sich über die Auferstehung freut.

Er könnte den ganzen Tag vor Freude singen.

Didaktische Hinweise

Bei beiden Geschichten (41 und 42) neben dem Lehrervortrag Osterlieder singen. Beide Bilder ausmalen lassen.
Das Bild zu Geschichte 41 im unteren Drittel dunkel ausmalen,
in der Mitte heller werdend,
oben hell und strahlend.
Beim Bild zu Geschichte 42 reicht es auch, wenn nur der „Gasthof" gemalt wird.

Bei dieser Geschichte kann man auch spielen: Zwei Freunde gehen in der Klasse herum und sprechen über Jesus und wie traurig und enttäuscht sie sind, dann kommt der „Fremde" dazu und erklärt ihnen, dass das alles sein musste und dass Gott das so gewollt hat.
Dann setzen sie sich hin zum Essen und als der, der Jesus spielt, das Brot bricht – vorher eine Semmel/ein Brötchen besorgen –, erkennen sie Jesus. Der verschwindet im gleichen Augenblick und die Freunde rennen den ganzen Weg zurück, um es den anderen zu erzählen.

42 Jesus erscheint seinen Freunden auf dem Weg nach *Emmaus*

Nicht nur die Apostel sind Freunde von Jesus. Jesus hat noch viel mehr Freunde. Auch in Jerusalem.
Sie haben ganz viel von Jesus gehalten. Freunde tun das.
„Jesus ist was ganz Besonderes!", haben sie zueinander gesagt, „der ist ein besonders guter Freund und wenn er bei uns war, dann war Gott bei uns. Die Zeit mit ihm werden wir nie nie nie vergessen."
Die beiden sind verzweifelt, dass Jesus tot ist. Sie sind so traurig und wütend, sie könnten alles kurz und klein schlagen.
Im Zimmer können sie es nicht mehr aushalten.
„Hier erstickt man ja!", sagen sie, „es schnürt einem das Herz ab, wenn man so traurig ist, und man bekommt keine Luft. Wir gehen besser mal nach draußen."
Das tun sie. Aber auf Jerusalems Straßen fühlen sie sich auch nicht besser. Alles hier erinnert sie an ihren Freund. „Hier hat er mit uns gestanden und gesprochen", sagen sie oder: „Da hinten über die Stufen sind wir zusammen mit ihm zum Tempel hinaufgegangen ..."
Sie können es nicht ertragen.
„Komm", sagt einer der beiden,
„wir verlassen Jerusalem und gehen aufs Land. Wir gehen zu Fuß nach Emmaus. Dann haben wir frische Luft unterwegs, wir können miteinander reden, auch über unseren toten Freund, aber es erinnert uns nicht jeder Stein an ihn ... So wie hier in der Stadt, in der wir immer zusammen waren."
Der andere ist gleich einverstanden.
Sie packen ihre Sachen zusammen, einen Rucksack, nehmen etwas Geld mit und was man unterwegs so braucht und wandern Richtung Emmaus.
Emmaus ist ein kleines Dorf in den Bergen, mit einem Gasthof und ein paar Bauernhäusern.
Auf dem Weg müssen sie immer noch an Jesus denken.
Sie können ihn einfach nicht herausbekommen aus ihren Gedanken.
Und so erinnern sie sich, sprechen über ihn und dabei merken sie gar nicht, wie die Zeit vergeht.
„Weißt du noch", sagen sie, „wie damals der Blinde vor Freude fast in die Luft gesprungen ist, weil er wieder sehen konnte?"
„O ja, das weiß ich noch! Und kannst du dich noch daran erinnern, wie sie den Gelähmten durch die Decke runtergelassen haben und wie der am Ende sogar sein Bett selber nach Hause tragen konnte?"
„Und wie froh der Jaïrus war, weil sein Kind wieder gesund und lebendig war!"

Ja, sie wissen alles noch. Und alles fällt ihnen wieder ein.

Aber auch die Dornenkrone und der rote Mantel fällt ihnen ein, dass die römischen Soldaten Jesus damit verspottet haben und ihn angespuckt.

„Aber das Schlimmste war doch der Tod am Kreuz."

Sie sind jetzt wieder so traurig und so vertieft in ihre Gedanken, dass sie die Schritte des Fremden gar nicht bemerkt haben, der schon eine ganze Weile hinter ihnen hergeht. Dann ist der Mann, der anscheinend den gleichen Weg hat wie sie selber, neben ihnen. Er grüßt und sie grüßen zurück, ohne den Kopf zu heben. „Schalom, Schalom!" (Friede sei mit dir!)

Sie denken: „Der überholt uns jetzt. Er geht sicher schneller als wir."

Das tut er aber nicht.

Ganz ruhig geht er neben ihnen her.

„Worüber sprecht ihr die ganze Zeit?", fragt er.

„Worüber sollen wir schon sprechen!", sagen die beiden,

„über Jesus sprechen wir, das war unser Freund. Und jetzt ist er tot ... Vielleicht verstehst du, warum wir nur ein einziges Gesprächsthema haben."

„Ja, kann ich verstehen", sagt der Fremde.

Und dann sagt er etwas Merkwürdiges:

„Wisst ihr denn nicht, dass der, der von Gott zu den Menschen geschickt wurde, sterben musste, damit er hinterher wieder auferstehen konnte und die Menschen begreifen, dass auch sie alle einmal auferstehen werden?!?!"

„Jetzt hör aber auf!", sagen die Freunde.

„Was willst du uns denn da für Geschichten erzählen!"

„... Er *musste* sterben??? Das war von Gott so geplant???

Du hast ihn nicht gekannt. Aber wir. Wir waren seine Freunde.

Wir wollten nicht, dass er stirbt.

Und wieso sollte Gott sowas im voraus ‚geplant' haben!?!"

Der Fremde ist jetzt dabei, ihnen die Heilige Schrift zu erklären.

So gut und so verständlich, wie sonst nur Jesus das konnte.

Ganz gespannt hören sie ihm zu.

Sie können gar nicht aufhören, ihm zuzuhören und sind ganz traurig, als sie auf einmal vor dem Gasthof von Emmaus stehen.

„Was, wir sind schon da?

Naja, müde sind wir ja auch schon. Und wenn es jetzt etwas Gutes zu essen gibt, dann ist das auch nicht schlecht."

Die beiden wenden sich dem Gasthof zu, der Fremde scheint weitergehen zu wollen.

Da rufen sie: „Nein, nein, geh nicht weiter, es ist sowieso schon Abend. Tu uns einen Gefallen und bleibe bei uns. Als du bei uns warst und uns die Heilige Schrift erklärt hast, ist es uns viel besser gegangen.

Bleib bei uns! Sei unser Gast! Wir laden dich ein!"

Da ist der Fremde einverstanden und zu dritt sitzen sie bald darauf am Abendbrottisch. Gutes Essen steht da und vor allem frisches Brot und guter Wein.

Sie haben sich eingeschenkt. Der Fremde, der zwischen ihnen sitzt, nimmt das Brot in die Hand, hebt es hoch und segnet es.

„Aber das ist doch ganz genau wie ..."

„Aber das ist ja ..."

Jetzt zum ersten Mal haben sie den Fremden genau angeschaut. Seine Handbewegung, wie er das Brot gesegnet und durchgebrochen hat!!!

Jesus! schreien die beiden wie aus einem Mund

und springen auf, sodass die Stühle umfallen. Mann, sind sie froh!

Jesus ist bei ihnen!!!

Aber bevor sie noch etwas sagen können, ist der Fremde verschwunden.

Sein Platz ist leer, als wäre er gar nicht da gewesen.

„Was war eigentlich mit uns los?", sagen die beiden, „hatten wir Tomaten auf den Augen???

Wieso haben wir Jesus nicht sofort erkannt! Als er mit uns sprach, war schon gleich alles anders als vorher. Wir waren gar nicht mehr traurig.

Unser Herz, das sich vorher so traurig und kalt angefühlt hatte, war richtig warm geworden, als er mit uns sprach."

(Unser Herz „brannte" in uns, steht im Evangelium geschrieben.)

„Jetzt lebt er doch!!!

Emmaus

Jetzt ist er doch auferstanden, genauso, wie er es erklärt hat!
Jetzt ist alles anders als vorher!
Jetzt begreifen wir auch, was er uns auf dem Weg erklärt hat!
Dass das alles so sein *musste*."

„Und was tun wir jetzt?"
„Sofort zurück nach Jerusalem und den anderen Freunden alles erzählen.

Na, die werden Augen machen, wenn wir ihnen sagen, dass Jesus lebt und dass er uns auf unserem Weg begegnet ist!
Das werden sie kaum glauben können!
Und doch ist es wahr!"

Sie packen ihre Sachen zusammen und rennen zurück und verschwinden in einer Staubwolke hinter der Wegbiegung (wie „Roadrunner" in seinen besten Zeiten).

43 Pfingsten – der Heilige Geist verändert die Menschen

Die Apostel, die Freunde von Jesus, fühlen sich verlassen.
Sie sind traurig und ängstlich. Jesus ist nicht mehr bei ihnen.
Er ist in den Himmel aufgefahren.
Sie sind allein zurückgeblieben.
Eine Woche ist seitdem vergangen und noch eine halbe.
Jetzt wird das Pfingstfest gefeiert.
Pfingsten ist ein Fest, da geht man in den Tempel um zu beten.
Die Apostel sind immer noch fromme Männer, auch wenn sie traurig sind. Sie beten noch und sie gehen in den Gottesdienst.
Ein paar Tausend Leute sind schon da. Die hören die Priester predigen. Die Apostel gehen nicht durch den Mittelgang, nein, sie gehen ganz hinten durch und dann an der Seite vorbei, damit die anderen sie nicht sehen. Man mag nicht, dass einen alle anschauen, wenn man traurig ist und seinen Freund verloren hat. Man will am liebsten allein sein und sich in einer Ecke verkriechen, wo es ganz still ist und vielleicht noch dunkel.
Aber Gott sieht sie auch da.
Jesus ist unsichtbar bei seinen Freunden und denkt: „Heute werdet ihr noch was erleben!!! Heute wird es euch gut gehen!!! Jetzt habt ihr noch Angst, aber bald ist die Angst fort, husch, einfach so verflogen, wie Nebel vor der Sonne!"

Die Leute sind mit dem Gottesdienst beschäftigt, da rumort es plötzlich, als wenn ein richtiger Sturmwind durch das Haus braust. Alle zucken zusammen. „Hilfe, was ist das?!"
Sie schauen sich um, sie sehen nichts, die Fenster sind gar nicht auf. Aber es passiert noch was Komisches. In einer Ecke wird es so hell, als hätte man hundert Lampen auf einmal angezündet.
„Was ist denn da hinten los?" denken die Leute, „Warum ist es da so hell??" Es ist genau die Ecke, wo die Freunde von Jesus sitzen.
Alle schauen hin.
Es ist, als wäre da ein Feuer.
Es brennt aber nicht wirklich.
Es ist, als wären kleine Feuerflammen auf die Apostel verteilt. Jeder hat ein bisschen abbekommen von dem Licht und dem Glanz.
Das Licht, das geradewegs vom Himmel gekommen ist, dringt in ihre Herzen ein, in ihre Seelen.
Das Feuer der Liebe Gottes brennt alle Traurigkeit weg, alle Angst, alle Furcht, aus dem Herzen und aus den Augen.
Die Apostel haben es nicht gemerkt, aber sie strahlen jetzt richtig. Sie haben strahlende, vor Freude und Mut strahlende Gesichter.
Und – als wäre das ganz normal – steht Petrus auf und geht mitten durch den Gang nach

vorne. Alle können ihn sehen, das macht ihm jetzt nichts mehr aus. Die anderen Apostel stapfen hinterher. Keiner von ihnen hat mehr Angst. Ihre Herzen sind ganz voll von der Liebe zu Gott und Jesus und zu den anderen Menschen.

„Jetzt wird gepredigt", denkt sich Petrus, „aber richtig, dass die Wände wackeln ... Jetzt sag ich ihnen die Meinung! Jetzt müssen sie mir glauben, wer Jesus wirklich war und dass er lebt, wirklich und wahrhaftig und für immer."

Das alles überlegt Petrus sich und klettert auf die Kanzel und predigt.

Der Fischer vom See Gennesaret predigt!

Dabei hat er das gar nicht gelernt.

Der Geist Gottes kann das.

Der kann aus einem, der kaum richtig reden kann, einen Superprediger machen, auf den alle hören.

Die Leute lauschen voller Spannung.

Es ist mäuschenstill.

Sie wollen alles hören von Jesus, alles,
ganz genau,
ganz genau, wie alles gewesen ist,
und wie Gott das gemacht hat, dass der Weg zu IHM jetzt für alle Menschen frei ist.

Die Menschen glauben.

„Lasst euch taufen!", ruft Petrus,
„Lasst euch alle taufen, denn dann gehört ihr alle zu Jesus,
dann seid ihr alle seine Freunde, genau wie wir!"

„Au, ja, das tun wir, wir lassen uns taufen!", rufen die Leute, und gehen nach vorne,
„wir wollen zu Jesus gehören, wir wollen seine Freunde sein!"

Und Petrus tauft und tauft und die anderen Apostel taufen und taufen und es nimmt überhaupt kein Ende.

Immer noch kommen Leute.

Väter und Mütter, Jungen und Mädchen, Alte und Junge, Dicke und Dünne, Reiche und Arme, Kleine und Große. Sie alle wollen getauft werden.

Am Abend hat Jesus hier in Jerusalem nicht mehr zwölf Freunde, er hat 3000 neue Freunde dazubekommen.

Keiner hat mehr Angst.

Und alle sind froh.

Genauso wie wir,
denn wir sind auch getauft
und auch wir brauchen keine Angst zu haben.
Wir wissen schon alles über Jesus.
Und über Gott.
Und immer, wenn wir merken, dass wir ihn lieben,
dann wissen wir, dass ein Geist in uns ist,
und dass er mit seiner Liebe
unsichtbar bei uns ist.
Heute auch.

Didaktische Hinweise

Die Pfingstgeschichte liegt in zweifacher Ausfertigung vor.

43 ist für die Klassen 1 und 2 gedacht; die Kinder malen das Bild aus. (Wenn sie den Text schreiben sollen dann einfach beim Fotokopieren abdecken.) Bei 43.1 geht es um die Klassen 3 und 4.

Da wird mitten im Lehrervortrag ein Stück Text aus der Apostelgeschichte vorgelesen. Das Bild malen die Kinder selber.

Das Ereignis ist in den Tempel verlegt worden, weil zu damaliger Zeit das Pfingstfest (Schwuot, Wochenfest) schon gefeiert wurde und eines der Wallfahrtsfeste war. Und wenn man davon ausgeht, dass sich 3000 Menschen „überzeugen" ließen und anfingen zu glauben und getauft wurden, dann kann man sich diese 3000 eher in einem Gotteshaus vorstellen als in einem Privathaus. (Lukas, der Berichterstatter, war nicht selber dabei und ob nun Tempel oder nicht, ein „Haus", wie er schreibt, war es in jedem Fall.)

Das „Sprachenwunder" wurde weggelassen. Es reicht, wenn die Menschen die Predigt verstehen. Und auf den Symbolgehalt als Gegensatz zur babylonischen Sprachverwirrung einzugehen ist in dieser Altersstufe zu früh und nicht notwendig.

Wichtig ist. „Vorher hatten die Apostel Angst, nachdem sie mit dem Heiligen Geist erfüllt waren, waren aus ihnen andere Menschen geworden, Menschen, die den Glauben so verkündigen konnten, dass sie überzeugten."

**Komm, Heiliger Geist,
erfülle die Herzen deiner Gläubigen
und entzünde in ihnen
das Feuer deiner Liebe!**

43.1 Pfingsten

Es war kurz vor Pfingsten. Jesus war schon mehr als eine Woche nicht mehr da. Er war zu seinem Vater zurückgekehrt, in den „Himmel aufgefahren" und er hatte seinen Freunden versprochen, er würde jemand schicken, „etwas" schicken, das sie ganz stark und mutig machen würde. („Gottes Geist", „seinen Geist" nannte er das, den „Heiligen Geist".)

Aber wie das so ist, die Apostel führten wieder ein normales Leben, sie hatten Arbeit, sorgten für die Familien, Johannes hatte Maria zu sich geholt …
Man muss Feuer machen, Fische auf dem Markt verkaufen und für die Kinder neue Schuhe besorgen. Und man vergisst ziemlich schnell, was Jesus einem gesagt hat.

„Pfingsten machen wir die Wallfahrt, wie jedes Jahr!", sagten die Apostel, wenn sie sich trafen.
„Aber sicher, zu Pfingsten sind wir in Jerusalem."
Und dann waren sie in Jerusalem und waren traurig und dachten:
„Schade, letztes Mal war Jesus noch bei uns."
Sie waren kein fröhlicher Haufen. Im Gegenteil.
Im Grunde hatten sie immer noch Angst.
Als sie im Tempel ankamen, gingen sie nicht durch den Mittelgang nach vorn. Sie blieben lieber im Hintergrund, wo man sie nicht so gut sehen konnte.
Sie hörten die Heiligen Schriften, sie hörten, wie Mose seinem Volk die Gebote vom Sinai gebracht hatte und wie Gottes Geist über die 70 Ältesten kam, sie sangen mit anderen „Halleluja", aber laut sangen sie nicht.
Niemand singt laut, wenn er traurig ist oder Angst hat.
Dann passierte etwas Komisches …

Als der Pfingsttag gekommen war, befanden sich alle am gleichen Ort. Da kam plötzlich vom Himmel her ein Brausen, wie wenn ein heftiger Sturm daherfährt, und erfüllte das ganze Haus, in dem sie waren. Und es erschienen ihnen Zungen wie von Feuer, die sich verteilten; auf jeden von ihnen ließ sich eine nieder. Alle wurden mit dem Heiligen Geist erfüllt und begannen, in fremden Sprachen zu reden, wie es der Geist ihnen eingab.

Plötzlich hatten also die Apostel keine Angst mehr. Sie standen auf, gingen mitten durch alle Leute nach vorne und Petrus, der Fischer, kletterte auf die Kanzel als hätte er noch nie in seinem Leben etwas anderes getan.
Dann predigte er.
Er predigte und predigte, dass es den Leuten nur so in den Ohren dröhnte.
Über Jesus predigte er und was der alles getan hatte, wie er gestorben und auferstanden war und wie er sich von ihnen verabschiedet hatte und dass man sich bessern muss, wenn man den Himmel von innen sehen will, dass man einfach ein neues Leben anfangen muss.
Die Leute saßen da wie begossene Pudel.
„Mensch, war das eine Predigt!"
„Ja, die ging mir durch Mark und Bein!"
„Ich hab gedacht, mich haut's um!"
„… Eigentlich hat der Fischer da vorne Recht."
„Ja."
„Irgendwie möchte ich schon dazu gehören, zu diesem Jesus und so."
„Ich auch."
Einer meldete sich zu Wort: „Ich hätte eine Frage!"
„Ja?"
„Was müssen wir denn tun, um zu Jesus zu gehören?"
„Was ihr tun müsst? … Na erstens mal glauben!"
„Wir glauben dir ja! Wir glauben schon an Jesus! Ich glaube auch! …" riefen die Leute durcheinander.
„Und jetzt?"
Petrus kratzte sich am Kopf.
„Glaubt ihr wirklich alles?" Er konnte sich das gar nicht richtig vorstellen.
„Ja!", riefen die Leute, „wir glauben!"
„Hmm … da wäre dann noch etwas!"
„Was denn?"

„Das mit der Taufe!"

„Was?"

Petrus blickte zu den anderen Aposteln hinüber. Die nickten mit dem Kopf. Ganz genau! Das hatte Jesus gesagt, bevor er sie verließ:

„… Geht hinaus … lehrt sie alles halten, was ich euch befohlen habe… und *tauft* sie …"

„Ja, ihr müsst euch taufen lassen. Das ist das Zeichen, dass ihr von jetzt an zu Jesus gehört."

„Und wie geht das?"

„Ihr bekommt Wasser über den Kopf geschüttet und dazu sagen wir:

„… Ich taufe dich im Namen des Vaters und des Sohnes und des Heiligen Geistes."

„Warum müssen wir uns taufen lassen? Warum kann man das nicht anders machen, zum Beispiel was unterschreiben oder so?"

„Weil Jesus es gesagt hat."

„Na ja, dann …"

Die ersten Leute erhoben sich von ihren Plätzen.

„Auf was warten wir noch!", riefen sie, „wir möchten getauft werden, auf der Stelle."

Und immer mehr Menschen standen auf und kamen nach vorne.

Es waren schon 100, 200, 300 … es hörte gar nicht auf. Männer, Frauen, Kinder kamen, Jungen, die sonst nichts anderes im Kopf hatten als Schlägereien, junge Mädchen, Arme, Reiche, Große, Kleine, ganze Familien mit Oma und Opa, Alleinstehende, alles durcheinander. Brav stellten sie sich auf.

Es hörte nicht auf, immer mehr kamen. Jetzt waren es schon 1000.

… 1599, 2000 … 2800 … schließlich waren 3000 Leute da versammelt.

Es wurde eine Riesentaufe. Die Apostel hatten alle Hände voll zu tun. Jetzt war es gut, dass sie elf waren. Einige von den Neugetauften halfen gleich mit. Schließlich musste man ja mal fertig werden!

Die Leute sangen und beteten und dachten: „So einen spannenden Gottesdienst haben wir zu Pfingsten noch nie erlebt!"

Endlich war es dann geschafft und die Leute gingen nach Hause.

Sie luden sich gegenseitig zum Essen ein, zum Kaffeetrinken und zum Erzählen. Sie tauschten ihre Adressen aus und alle hatten auf einmal ganz viele neue Freunde bekommen.

Petrus wurde bekannt als der berühmteste Redner von Jerusalem, er, der doch nur ein Fischer gewesen war.

Jesus verändert die Leute.

Pfingsten

Da kam plötzlich vom Himmel her ein Brausen wie bei einem Sturmwind.
Es erschienen Zungen wie von Feuer und ließen sich auf einen jeden von ihnen nieder.
Alle wurden vom Heiligen Geist erfüllt.
Sie fingen an in fremden Sprachen zu reden.

44 Habt keine Angst! I
Ich lass euch nicht fallen! II
Meine Flügel sind unter euch ausgebreitet III

Es war einmal eine Adlermutter.
Die hatte Junge im Nest.
Das Nest war hoch in den Felsen.
Die Jungen waren noch klein.
Sie wurden gefüttert.
Sie konnten noch nicht fliegen.
Aber sie wurden groß und größer.
Ihre kleinen Flügel waren
schon ganz schön kräftig.
Die Adlermutter war stolz auf ihre Jungen.

Eines Tages standen die Kleinen
am Nestrand.
Sie waren froh, sie fühlten sich groß.
„Bald", dachten sie, „können wir fliegen!
Bald können wir fliegen wie unsere Eltern!
Dann werden wir nicht mehr herunter-
fallen...
„Gut", sagte die Adlermutter, „fliegt!"
„Breitet die Flügel aus und fliegt!"
Da schauten die Jungen nach unten und
bekamen Angst.
„Und wenn wir fallen? Es ist so schrecklich
tief!"
Sie zitterten vor lauter Angst.

„Mut!", rief der große Adler...

I
II

„Und was ist, wenn wir doch
keine Kraft mehr haben???
Wenn wir doch fallen???
Dann werden wir in den Abgrund stürzen
und sterben!"

„Nein, werdet ihr nicht", sagte der große
Adler, denn

III

„Was hast du gesagt???"
Die kleinen Adler
wollten es nochmal hören.

III

„Ganz bestimmt?
Wir haben aber immer noch Angst!"

I
II
III

Da breitete der erste kleine Adler seine Flügel
aus
und fiel und fiel ... nein, er fiel ja gar nicht!
Die Luft konnte ihn tragen.
Es war wunder-, wunderschön!
Die ganze Welt sah er unter sich liegen
und vom Himmel strahlte die Sonne...

Doch er war noch sehr jung.
Seine Kraft ging ganz schnell zu Ende.
Seine Flügel wurden müde.
Sie konnten ihn nicht mehr tragen.
„Hiiilfe!", schrie er, „ich kann nicht mehr!
ich stürz in die Tiefe!"

Doch in dem Augenblick war die Adlermutter
genau unter ihm.
„Komm, ich trag dich", sagte sie, „ich trag
dich zurück ins Nest. Halt dich nur fest.
Ich hab doch schon vorher gesagt:...

I
II
III

So geht es auch manchmal uns Menschen.

Den Kindern Israels ist es so ergangen.
Vorher, da waren sie Sklaven gewesen.
Traurig war ihr Leben in der Fremde und
schwer.
Da sagte Gott: „Auf geht's, nach Hause!
Ich schenke euch allen die Freiheit zurück!"
Einen Anführer bekamen sie, der hieß Mose.
Er kannte die Wüste und Wasserstellen.
In der Hand hatte er einen großen Stab.
Mit ihm zusammen machten sich alle
auf den Weg in die Freiheit,
auf den Weg nach Hause.

Aber unterwegs überfiel sie die Angst.
„Wenn wir verhungern… verdursten… von
wilden Tieren zerrissen werden…
Skorpione können uns stechen und Schlan-
gen uns beißen.
Es ist gefährlich!
Wir haben Angst, Gott!!!"

„Denkt an die Adlermutter", sprach Gott,
„was sie tut mit den Jungen, das tu ich mit
euch!
Darum…
                                            I
                                            II
                                            III

Und so gingen sie los. Alle zusammen.
Hatten Hunger und Durst und begannen zu
schreien:
„Wo ist Brot? Wo ist Wasser?
Müssen wir in der Wüste elend sterben?!?"

Aber Gott erinnerte sie…
                                            I
                                            II
                                            III

Sie bekamen Brot vom Himmel
und Wasser aus dem Felsen
und am Feuer konnten sie knusprige Wach-
teln braten,
die schmeckten wie lauter Mini-Brathähn-
chen.
Und am Ende kamen sie zu Hause an,
in dem Land, das Gott ihnen versprochen
hatte.

„Nie hätten wir das allein geschafft!"

„Genau", sagte Gott, „erinnert euch!
Ich hab's euch schon vorher gesagt…
                                            I
                                            II
                                            III

Und ich habe euch nach Hause getragen.

Dann ist Jesus gekommen.
In ihm war Gott selbst bei den Menschen.
Er hat sie geheilt und getröstet,
geliebt und gesegnet.
Die im Staub lagen, die nicht mehr laufen
konnten,
die hat er liebevoll aufgehoben.
Auch ihnen galt dieses Wort: I
                                            II
                                            III

Und wenn *wir* traurig sind?
Wenn *wir* Angst haben?
Dann sagt Gott zu *uns*:
                                            I
                                            II
                                            III

Und manchmal, wenn man's vergessen hat,
dann können wir uns daran erinnern…
                                            I
                                            II
                                            III

Vielleicht am Abend, vor dem Einschlafen.
Da hören wir die Worte
ganz leise:
                                            I
                                            II
                                            III

Am nächsten Morgen, da können wir lachen
und wir können es anderen erzählen, die
Angst haben,
erzählen, was Gott uns versprochen hat.
Die ganze Welt kann es hören:
                                            I
                                            II
                                            III

Didaktische Hinweise

Diese Sprechmotette kann als Abschluss dienen oder auch irgendwann mitten im Schuljahr eingesetzt werden.

Man kann, wenn die Mosegeschichten noch nicht bekannt sind, ausgehen von dem Lied: „Lobe den Herren ...", 2. Strophe „... der dich auf Adlers Fittichen sicher geführet" (Gotteslob Nr. 258)

Zur Methode der Sprechmotette:
Die Klasse wird in 3 Gruppen geteilt, von denen je eine den Satz sagt, den sie eingeübt hat.

Das Sprechen im Chor vertieft den Inhalt durch die vielen Wiederholungen. Die Lehrerin/der Lehrer kann den Text lesen.

Die Lehrerin/der Lehrer kann über einzelne Ereignisse einen kurzen Überblick geben, wenn er mag. *Das Lernziel lautet: „Bewusstsein, dass Gott dich trägt wie eine Adlermutter ihre Jungen trägt. Du musst keine Angst haben!"*

Zum Schluss wünsche ich auch Ihnen, dass Sie sich – wenigstens manchmal – so von Gott getragen oder aufgefangen fühlen!